中等职业教育市场营销专业系列教材

公共关系实务

GONGGONG GUANXI SHIWU

◎主　编　孔　萍　◎主　审　李　兵

◎副主编　曹　婕　孟素芳

◎参　编　姚　曼　蓝　玲　丁晓霞　王晓梅

重庆大学出版社

内 容 提 要

本教材以培养公共关系实用技术应用能力为主线,全面设计学生的知识、职业能力和实践技能,探索以任务驱动法带动相关实用知识教学的新思路,体例新颖,采用模块式结构,开篇用"情景"导入,正文部分穿插案例及实训,做学结合,具有"知识通俗易懂、案例丰富新颖、岗位引领明晰、实训轻松实用"的特点。

本教材适合作为中职财经商贸类专业系列教材,还可作为各类企事业单位公关从业人员的培训教材和参考书。

图书在版编目(CIP)数据

公共关系实务/孔萍主编.—重庆:重庆大学
出版社,2011.5(2023.1重印)
(中等职业教育市场营销专业系列教材)
ISBN 978-7-5624-5980-4

Ⅰ.①公… Ⅱ.①孔… Ⅲ.①公共关系学—专业学校
—教材 Ⅳ.①C912.3

中国版本图书馆 CIP 数据核字(2011)第 021404 号

中等职业教育市场营销专业系列教材
公共关系实务
主 编 孔 萍
主 审 李 兵
副主编 曹 婕 孟素芳
责任编辑:马 宁 范 莹 版式设计:马 宁
责任校对:秦巴达 责任印制:张 策
*
重庆大学出版社出版发行
出版人:饶帮华
社址:重庆市沙坪坝区大学城西路 21 号
邮编:401331
电话:(023)88617190 88617185(中小学)
传真:(023)88617186 88617166
网址:http://www.cqup.com.cn
邮箱:fxk@cqup.com.cn(营销中心)
全国新华书店经销
重庆升光电力印务有限公司印刷
*
开本:787mm×960mm 1/16 印张:11.5 字数:219千
2011 年 5 月第 1 版 2023 年 1 月第 4 次印刷
印数:5 001—5 500
ISBN 978-7-5624-5980-4 定价:29.00元

编委会

在贯彻落实国家教育部《面向 21 世纪教育振兴行动计划——"职业教育课程改革和教材建设规划"项目成果——中等职业学校重点建设专业教学指导方案》的过程中,教育部中职教材出版基地——重庆大学出版社组织全国一批国家级重点中职学校的教师和业内资深人士共同编写了这套中等职业教育市场营销专业系列教材。

本套教材在培养目标与规格上力求与教育部《重点建设专业教学指导方案》保持一致,同时,充分考虑近年来中职学生生源状况和现代商贸企业岗位设置的变化与用工的实际情况,以围绕培养职场一线初级经营管理人员为核心,以培养其实际操作、应用能力为重点,以行动导向教育教学理念为指导,以任务驱动教学为特征,强调"做中学、学中做",方便教师组织教学。

本套教材的编撰思路是:在充分分析商品经营与市场营销业务人员初级岗位主要工作内容的基础上,将其具体工作中应知与应会的知识和技能,综合在若干个与实际工作任务相吻合的学习与训练任务之中,而每一个学习和训练任务又综合包含了完成某项具体工作任务所必需的知识、技能和职业态度要求。

本套教材的各个分册为相对独立的教学课程,均由若干学习和训练任务构成,每个学习和训练任务均包含下列内容:

1.学习目标。规定本任务在知识、能力和情感领域所要达成的教学目标。

2.学时建议。提供本任务在教学时可量化的课型与课时参考意见。

总序

3.导学语。运用图片、对话、小故事、案例等形式，激发学生对本任务学习的兴趣，诱导学生对任务内容的探究心理，引入学习内容。

4.学一学。借助案例、小资料、小链接、想一想等形式，完成本任务所必须掌握的知识、技能的学习与训练和情感的养成，并适度拓展相关资讯。

5.做一做。对本任务所涉及的必须掌握的知识、技能及应予形成的情感，进行有针对性的实训活动组织。

6.任务回顾。小结本任务的核心知识与技能及必须形成的职业态度与情感。

7.名词速查。归纳本任务涉及的最基本的名词、术语和行话。

8.任务检测。通过多种形式的课业练习，巩固本任务所学到的知识并检查任务的完成情况。

本套教材作者多系中等职业学校的一线教师和业内职场人士，他们把对中等职业教育教学的思考与亲身体验所得到的感悟融入到教材的内容之中，或许与传统的教学内容有所差异，但正是这种差异，使得这套教材能够形成。囿于知识、经验、能力与环境等多重因素，本套教材也一定存在诸多值得商榷和有待完善的地方，敬请各位同仁提出宝贵的意见，对此，作者表示诚挚的感谢！

编委会

2010 年 5 月

本教材为中等职业教育市场营销专业系列教材之一。

本教材紧紧围绕《国家中长期教育改革和发展规划纲要》有关职业教育的要求，按照中等职业教育的培养目标，贴近中等职业教育的实际，体现中等职业教育改革的成果，突出中等职业教育教学特色，以培养中职实用型技术人才为目标，努力探索以任务驱动法带动相关知识教学的新思路，全面设计学生的知识点、技能点，使学生在设置的相应情景中，达到"做中学、学中做"的教学目的或效果。本教材主要具有以下特点：

1.体例新颖。本教材采用任务驱动法，按照模块式结构，分为8个模块，每一模块设计为任务目标、导学语、学一学、做一做、任务回顾、名词速查、任务检查，根据任务内容确定技能要求和需要掌握的相关知识，体现了以公关职业为核心、以技能要求为导向的思想，具有较强的可操作性。

2.实用性强。本教材做学结合，每个模块都设置了实训项目，让学生在"做中学、学中做、先思后学、边学边做"，采取从模拟训练到独立操作的渐进路径。

3.内容丰富。本教材充分吸收和借鉴了国内外专家学者的研究成果，体现了学科发展的最新动态，同时选取了大量经典案例，并辅之以必要的实训内容，做到融知识性和实践性于一体。

前言

　　本教材由昆明市财经商贸学校孔萍担任主编,副主编由昆明市财经商贸学校曹婕和河南省财经学校孟素芳担任,参编人员为河南省财经学校姚曼、楚雄民族中专蓝玲、丁晓霞、王晓梅。特别邀请云南大学人文学院李兵教授担任主审。

　　本教材在编写过程中,引用了众多参考文献和参考资料,在此向原作者表示诚挚的谢意! 本书在编写工作中得到了重庆大学出版社的大力支持,在此表示衷心的感谢!

　　由于编者水平有限,书中难免有不足和疏漏之处,敬请广大读者和专家指正。

编　者

2011 年 1 月

0 导 论

任务1　公共关系工作程序

任务2　企业内部公共关系

任务3　企业外部公共关系

任务4　企业形象战略——导入CIS

任务5　公共关系传播实施技巧

目
录

0 导论

引 言

公共关系实务既是一门操作知识，又是一种实践技能。公共关系作为一门综合性的应用学科，正是通过公共关系实务这一环节予以体现。

【开讲语】

公共关系是无价之宝,我愿牺牲太阳底下所有财富去获取它。

——[美]洛克菲勒

美国石油大王洛克菲勒原以冷酷吝啬著称,当洛克菲勒财团劳资矛盾恶化而声名狼藉的时候,艾维·李受聘提供公共关系咨询。他建议邀请劳工领袖协商解决纠纷,并向社会执行慈善捐赠方案。

艾维·李的公关咨询很成功,迅即改变了洛克菲勒财团在公众心目中的不良形象——由冷酷的吝啬鬼变成了慷慨的慈善家。洛克菲勒的这番话语,以他的切肤之痛,道出了公共关系的宝贵价值。

公共关系对于企业为什么这么重要? 企业为什么迫切需要公共关系? 我们为什么要学公共关系? 怎样学好公共关系? 洛克菲勒的肺腑之言值得深思!

0.1　公共关系的含义和基本特征

公共关系是社会组织为了塑造良好的社会形象,运用传播、沟通手段影响公众,使组织与公众相适应的思想、策略和管理职能。公共关系是一种以塑造组织形象增进理解为己任的传播管理艺术。

公共关系的基本特征:

①以公众为对象。公众是社会组织的"上帝",公众利益高于一切,处理与公众的关系是公共关系工作的中心。

②以美誉为目标。树立良好的社会形象是公共关系的根本目标,组织应努力实现高知名度和高美誉度的统一。

③以互惠为原则。公共关系以利益关系为特征,既要实现组织利益,又要使公众受益,并最大限度地实现组织利益和公众利益的一致。

④以长远为方针。良好形象的塑造与维护要靠长期的努力,公共关系注重长远的效果。

⑤以真诚为信条。社会组织必须为自己塑造一个诚实的形象才能取信于公众,才能赢得合作的机会。

⑥以沟通为手段。借助组织沟通、人际沟通、群体沟通等多种沟通方式实现公共关系的工作目标。

0.2　公共关系实务实施的原则

①公开性原则。公共关系的实施过程是公开透明的。对外,公关从业人员一

举一动都必须接受公众的评价和媒体的监督;对内,组织政策公开、人事管理公开、经营方针公开。

②营利性原则。公共关系活动是一项追求利益的正当的功利行为,企业公共关系谋取的利益,是企业自身的经济利益和整体的社会效益。

③公益性原则。公共关系在实现营利性原则的同时,还要主动承担社会责任,为社会公益贡献力量。

④全员 PR 原则。全员 PR 原则要求组织内部的全体部门、全体人员都要有公共关系意识,都要注意自身形象和组织形象的关联,都要从事公共关系活动。公共关系工作应由组织内部全体员工上下一致、齐心协力共同完成。因此,全员 PR 原则又叫"全员公共关系一体化原则"。

任务 1
公共关系工作程序

任务目标

通过课堂教学、案例分析等多种形式,使学生掌握有效开展公共关系工作的基本步骤和方法,培养设计调查问卷、初步撰写公共关系调查报告及评估报告的能力,让学生了解公共关系策划和实施程序,能根据组织情况和营销状况进行公共关系策划。

学时建议

知识性学习 6 课时。

案例学习讨论 4 课时。

现场观察学习 4 课时(业余自主学习)。

【导学语】

公共关系工作从哪里开始？需要做些什么？

请大家和我一起来看看下面这个案例。

案例导入

"先搞清楚问题"

有一家宾馆新设立了公共关系部，开办伊始，该部就配备了豪华的办公室，漂亮迷人的公关小姐，现代化的通信设备……但该部部长却发现无事可做。后来，部长请来了一位公共关系顾问，向他请教"怎么办？"于是这位顾问一连问了几个问题："本地共有多少宾馆？总铺位有多少？""旅游旺季时，本地的外国游客每月有多少？港澳游客有多少？国内的外地游客有多少？""贵宾馆的'知名度'如何？在过去3年中花在宣传上的经费共多少？""贵宾馆最大的竞争对手是谁？"……这些极为普通又极为重要的问题，使公关部长张口结舌，无以对答。于是，公共关系顾问这样说道："先搞清这些问题，然后开始你们的公关工作。"

（资料来源：林汉川，李觅芳．公共关系案例教程［M］．上海：复旦大学出版社，1997：251。）

看完这个案例，大家一定发现公共关系首先要开展的工作是什么了吧！

【学一学】

公共关系工作程序是指公共关系实务活动的操作步骤及过程，它包括公共关系调查、公共关系策划、公共关系实施、公共关系评估等4个实践性阶段和环节。

1.1 公共关系调查

调查研究是企业开展公共关系的先导，是整个公共关系的轴心，是公共关系过程的首要步骤和基础工作。公共关系调查是指组织的公共关系部门和人员运用科学的方法,有目的、有步骤地考察分析组织的客观公共关系状态,综合分析相关因素,以掌握组织现状,解决组织面临的公共关系问题为目的的调查研究活动。公共关系调查还是贯穿于社会组织公共关系工作全过程的基础工作内容,目的是要为公共关系工作夯实基础,为公共关系工作的正常进行提供完备的信息保证。

1.1.1 公关调查的方法

1)文献资料研究法

利用历年统计资料、档案资料、样本资料或书籍、报刊、网络上可以找到的相关资料进行研究分析。

2)抽样调查法

抽样调查是从需要调查对象的总体中,抽取若干个个体即样本进行调查,并根据调查的情况推断总体特征的一种调查方法。这是一种调查费用低、调查进度快、调查项目多、被广泛采用的调查方法。

3)访问调查法

访问调查法就是面对面地与被调查对象就有关内容进行访谈。这种调查方法运用得比较广泛。其优点一是反馈迅速;二是回收率高;三是灵活性强。缺点是人力消耗较大,速度较慢,且调查范围也受到一定限制。因此,这种方法比较适宜于公众相对集中、数量不太多时采用。

4)问卷调查法

问卷调查法是书面提问的方法,直接了解公众的需要,了解他们对企业或产品,或某一个问题的认识和看法。

(1)问卷调查的种类

①开放式问题。可用于不知道问题答案有几种的情况,开放式问题可让回答者自由发挥,能收集到生动的资料,回答者之间的一些较细微的差异也可能反映出来,甚至得到意外的发现。如:您认为目前中职毕业生就业状况如何?

开放式问题要求回答者有较高的知识水平和语言表达能力,加之许多人不习惯或不乐意用文字表达自己的看法,导致回答率低,因而适用范围有限。

②封闭式问题。目前的问卷调查多采用封闭式问题为主,封闭式问题容易回

答,节省时间,因而问卷的回收率较高。其答案标准化便于统计分析。如:

您认为我们的饮料价位应该(　　　)。

A.2 元以下 　　　　B.2 元~4 元 　　　　C.4 元以上

(2)问卷调查问题设计

一般而言,问卷的题型有 3 种:问答题、单项选择题、多项选择题。

①问答题。即开放式问题。

②单项选择题。一般设置相互对立的两个答案,让被调查者选出其中一项。如:

你看过"农夫山泉"的广告吗?

A.看过 　　　　　　　　B.没看过

③多项选择题。一般设置 3 个以上的答案让被调查者选出其中的一项或多项。如:

你通常喝哪种牌子的瓶装水?

A.农夫山泉 　　　　B.乐百氏 　　　　C.娃哈哈

D.康师傅 　　　　　E.森氏

5)观察分析法

观察分析法是指调查者进入调查现场,有计划地利用自己的感官或各种工具观察和研究他人的言行表现,并把获得的结果进行记录、分析、整理,写出调查报告的研究方法。

小案例

桂格公司的调查问卷

为了帮助我们进一步改良产品,敬请阁下在品尝之后,回答这份问卷。您将得到桂格公司赠送的精致桂格休闲帽。

请在适当的空格内打"√"

1.请问除了您以外家中还有哪些人尝过我们送的这个产品?

□①孩子

□②少年

□③青年人

□④中年人

□⑤老年人

2. 您喜不喜欢这个产品？

□①非常喜欢

□②比较喜欢

□③不是喜欢也不是不喜欢

□④不太喜欢

□⑤非常不喜欢

3. 现在您尝过了这个产品，如果您在商店看到这个产品，您有多大可能会买它？

□①我一定会买

□②我可能会买

□③我不知道会不会买

□④我可能不会买

□⑤我一定不会买

4. 如果您或您的家人买了这个产品，您认为您会多久吃一次？

□①每天都吃

□②2～3 天吃一次

□③每星期吃一次

□④每两星期吃一次

□⑤每个月吃一次

□⑥每个月少于一次

□⑦不会吃

5. 您在收到这个产品前有没有见过此种产品，或其他"桂格"的食品？

□①桂格营养燕麦粥

□②桂格丰谷营养粥

□③桂格趣米乐

□④桂格奇香米脆

□⑤桂格喀嚓粒粒脆

□⑥桂格燕麦片

□⑦完全记不起/不清楚名称

□⑧没有

为了了解回答问卷者的个人资料，请你回答以下问题：

6. 年龄

□①10 岁以下

□②10～19 岁

□③20～29 岁

□④30～39 岁

□⑤40～49 岁

□⑥50 岁以上

7. 性别

□①男

□②女

8. 家里每个月的平均收入

□①少于 600 元

□②600 元～799 元

□③800 元～999 元

□④1 000 元～1 199 元

□⑤1 200 元～1 499 元

□⑥1 500 元或以上

（资料来源：胡锐.现代公共关系案例评析[M].杭州：浙江大学出版社,1994.）

1.1.2 公关调查的内容

公共关系调查内容非常广泛,主要有以下几个方面。

1）组织内外公众状况的调查

公共关系实际上可以理解为公众关系,离开了对公众的了解,公共关系就成了无的放矢。只有掌握了变化中的公众的情况,才能进行科学的公共关系分类,从而制订出具体的公共关系计划来。

（1）组织内部公众的调查

公共关系的宗旨是内求团结,外求发展。因此除了了解外部社会公众的状况外,还应掌握组织或企业内部员工的群体气氛、人际关系、员工的向心力和凝聚力的状况。公共关系人员可以通过各种方式,收集内部员工的意见,把握员工的思想动向,了解员工的精神情绪。

（2）组织外部公众的调查

主要包括：顾客关系、新闻媒介关系、中间商关系、社区关系、其他公共关系。

组织外部公众的调查一般要掌握下列 4 种资料：

①背景资料。即被调查者的姓名、年龄、性别、籍贯、住址、文化程度、职业、收入情况、家庭情况等。

②态度资料。即被调查者对组织及其产品的态度。态度分延缓性和即时性两种。延缓性态度指的是一个人在相当长时期内起作用的价值观念;即时性态度是对一事一物的态度。

③知晓度资料。即被调查者对组织及其相关因素的知晓程度。

④行为资料。即被调查者就某个问题正在或者已经采取的行动的情况。

2)组织形象调查

如果说对公众的调查是达到"知彼"的目的,那么对组织自身形象的调查,就是达到"知己"的目的。

(1)组织自我期望形象调查

自我期望形象,是指一个社会组织自己所期望树立的形象。科学的自我期望形象设计离不开对组织内部公众的调查研究,主要包括现实的经营状况,领导层对公关的认识要求以及职工的期望和意见几个方面。

(2)组织实际形象调查

①组织形象地位的评估。良好的组织形象把知名度和美誉度作为始终努力追求的目标。知名度指一个组织被公众知晓、了解的程度,是评价组织名气大小的客观尺度,侧重于量的评价,即组织对社会公众影响的广度和深度。美誉度指一个组织获得公众欢迎、接纳、信任的程度,是评价组织声誉好坏的社会指标,侧重于质的评价,即组织社会影响的美丑、好坏。

知名度的计算公式:调查人数知名度 =(知晓人数/调查人数)×100%。如图1.1 所示。

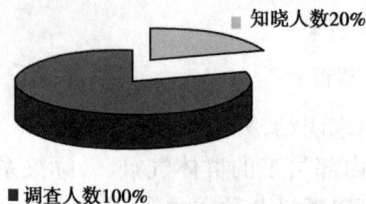

■知晓人数20%

■调查人数100%

图 1.1　调查人数知名度

美誉度的计算公式:知晓人数美誉度 =(赞美人数/知晓人数)×100%。如图1.2 所示。

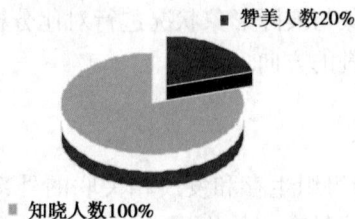

图 1.2　知晓人数美誉度

依据知名度和美誉度的高低组合,我们可以得到矩阵,如图 1.3 所示。

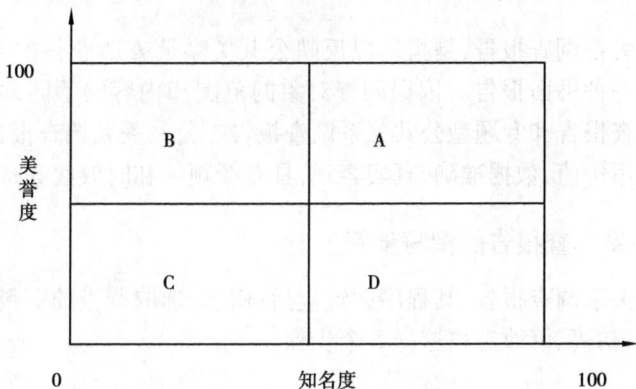

图 1.3　知名度和美誉度高低组合矩阵

A 区:知名度高,美誉度也高,这是一种非常理想的状态,是每个企业追求的境界。处在 A 区企业工作的重点,应多放在进一步提高美誉度上。

B 区:企业品牌口碑很好,但知晓的人不多。应该以提高知名度为主攻方向,开展全方位的促销、营业推广、公共关系活动,因为"酒香也怕巷子深"。

C 区:虽然口碑不好,但还不至于流传太广。主要措施是先提高美誉度,再扩大知名度。

D 区:高知名度,低美誉度,即臭名昭著,这是一种最糟糕的状态。处在这一状态应尽量缩小知名度,提高美誉度,然后再去提高知名度。

②组织形象内容要素的分析。分析公众对组织的不同态度、看法和评价的原因,这就是组织形象要素具体内容分析所要解决的问题。组织形象是由多方面因素构成的,主要包括:组织的服务方针是否正确、产品质量好坏、办事效率高低、服务态度是否诚恳、业务是否有创新、公司规模大小、广告投入是否充足、公关活动是否活跃,等等。

③组织形象差距的分析。在了解到组织在公众心目中的实际社会形象以后，就可以将组织自我期望形象与实际形象状况进行对比分析，揭示两者之间的差距，从而明确今后公关工作前进的方向。

3）社会环境状况调查

社会环境，是指与社会组织生存和发展相关联的外部社会条件的总和。社会环境对社会组织的经营发展具有制约作用，同时也对社会组织的公共关系工作具有重要影响。

1.1.3　公关调查报告的撰写

所谓公共关系调查报告，是指用以反映公共关系调查所获得的主要信息成果和分析成果的一种书面报告。依据调查对象的范围和内容的不同，可以分为综合型公共关系调查报告和专题型公共关系调查报告。公共关系调查报告应具有很强的针对性和实用价值，数据准确，真实客观，具有新颖性和时效性等特点。

1）公共关系调查报告的撰写步骤

撰写公共关系调查报告，其程序大致包括：构思、选取调查的资料和数据、拟订撰写提纲、撰写初稿、修改定稿这样 5 个步骤。

2）公共关系调查报告的内容与结构

公共关系调查报告的结构，是指构成报告文本基本构架的形式。构成公共关系调查报告的主要部分有：标题、目录、导语、报告主体、结尾、附件。

①标题。标题是公共关系调查报告本质内容的高度概括，标题要开宗明义，做到直接、确切、精炼。

②目录或索引。如表 1.1 所示。

③导语。即公共关系调查报告的前言部分，对本次公共关系调查的情况作简明扼要的说明。

④正文。正文是调查报告陈述情况、列举调查材料和数据、分析论证的主体部分。在正文部分必须真实、客观地阐明全部有关论据，包括问题的提出、引出的结论、论证的全部过程，及其与之相联系的各种分析研究的方法。

⑤结语。这是公共关系调查报告的结束部分，没有十分固定的格式，写法是根据文本的内容而定的。一般来讲，这部分是对正文的概括和归纳，是报告主要内容的总结。

⑥附件。附录部分的内容，是指在报告正文中因行文关系没有出现、或正文中

提及了但又不完整,它们与调查结果有关,是整个调查结果必不可少的组成部分。

表 1.1　目录举例

目　录	
一、说明 ………………………………………………………………………	1
调查目的、调查企业、调查方法、调查样本、执行机构、任务分配、调查时间	
二、××体育运动产品公司简介 ………………………………………………	2
三、正文	
内容摘要及关键字 ……………………………………………………………	3
背景分析 ………………………………………………………………………	4
提出假设 ………………………………………………………………………	5
调查问卷内容分类 ……………………………………………………………	7
调查结果分析 …………………………………………………………………	9
A 市体育运动产品市场状况分析	
××体育运动产品公司品牌的知名度与美誉度	
××体育运动产品公司的产品策略、营销策略及核心竞争力	
××体育运动产品公司内部组织形象	
存在的问题和解决方案	
调查总结 ………………………………………………………………………	15
参考文献 ………………………………………………………………………	17
四、附件	
附件一:协议书 ………………………………………………………………	18
附件二:××公司组织形象调查问卷(公众、内部) ………………………	20

1.2　公共关系策划

公共关系策划的过程是制订公共关系计划的过程,属于公共关系"四步工作法"的第二步。公共关系策划是指,为了达成组织目标,公关人员在充分进行公众环境分析调查基础上,对总体公关战略及具体公关活动所进行的谋略、计划和设计过程。公共关系策划是公共关系活动的重要环节,策划水平直接影响着活动效果。

1.2.1　组织形象的策划

所谓组织形象,就是社会公众对组织综合评价后所形成的总体印象。组织形象包括的内容很多,如组织的价值观念、经营作风、行为规范、道德准则、管理水平、人才实力、经济效益等,组织形象是这些要素的综合反映。

1）创立时期

新组织创建开业时,还未能与社会各界建立广泛联系,知名度不高。这时,组织如能确立正确的经营理念、完善的组织和员工行为规范,设立独特的视觉识别系统,以及最佳的传播方式和媒介,就能给公众留下美好的第一印象。

2）新产品、新服务、新举措推出时期

这时组织面临的最大挑战就是如何消除公众在观望与等待中的疑虑。由于受人们消费惯性的影响,社会公众在组织推出新产品、新服务或新举措时,往往会持观望和等待态度。这表明消费者对这些新产品、新服务、新举措还不了解,还有疑虑,还存有戒备心理。因此,这时公关部门应主动出击,采取有针对性的措施,如现场产品(服务)展示、操作示范、广告宣传、顾客承诺等,消除公众的疑虑和摇摆态度,把公众的注意力尽快地吸引到组织上来。

3）顺利发展时期

此时更应注重组织形象的对外推广。通过周密系统的策划,建立一个统一而独特的组织形象。针对组织不同的关系对象,选择适宜的传播媒体和手段,致力于保持和维护组织的形象和声誉,巩固已有成果。通过人际传播和大众传播手段,进一步提高美誉度,以强化组织在公众心目中的良好形象。这是形成企业品牌忠诚度的基础,更是营造企业品牌的基本操作工具之一。

小案例

蒙牛的营销公关

2003 年,借势举世瞩目的"神舟五号",策划了"中国航天员专用牛奶"。

2004 年,雅典奥运会前夕的备战阶段,蒙牛牛奶被选定为国家体育总局训练局运动员专用牛奶。

2005 年,申奥成功 4 周年之际,"志愿北京,蒙牛同行"大型演唱会在北京举行,蒙牛成为为奥运会提供志愿服务的"志愿北京"大型活动首席合作伙伴……

鉴于蒙牛在乳市的优秀表现,有人把蒙牛的独特营销模式总结为"蒙牛营销模式",当许多人还在为这一营销模式津津乐道的时候,作为这一模式的开创者蒙牛却已经盯上了具有超强攻势的娱乐营销。用前瞻性眼光看待市场,这就是蒙牛总比对手快的原因。蒙牛的每一次策划都是那么漂亮、干净利落,就像一个跳水高

手,入水时几乎看不到有水花溅起,留给观众的只有一个完美的弧线。

2005年2月24日,湖南卫视与国内乳业巨头——蒙牛乳业集团在长沙联合宣布共同打造"2005年快乐中国蒙牛酸酸乳超级女声"年度赛事活动,随后,"超级女声"迅速席卷全国,蒙牛酸酸乳的销售也一路飘红。

(资料来源:中国中小企业陕西网)

4)危机公关时期

组织的发展不可能是一帆风顺的,由于企业的管理不善、同行竞争,甚至遭遇恶意破坏,或者是外界特殊事件的影响,而给企业或品牌带来危机,企业针对危机所采取的一系列自救行动,包括消除影响、恢复形象,赢得组织内外公众的支持、理解和合作,使组织顺利渡过难关,这就是危机公关。

小案例

2005年禽流感闹得沸沸扬扬,号称"吃鸡"专家的洋快餐肯德基自2005年开始便启动危机应急处理机制,当年在中国各区紧急集中召开新闻发布会,详细介绍其中国市场的鸡肉供应体系如何层层把关,欲通过传媒之口向消费者宣传吃肯德基的鸡如何安全、卫生且美味。并向全社会庄严承诺:肯德基有完善的系统与措施,有信心、有把握为消费者把好安全关。现场消费者与记者们共同听取了肯德基的介绍,一位消费者说:"本来就觉得不必太恐慌,现在听完介绍,看完幻灯片,明白其鸡肉产品是系统把关的,并需经过2分30秒到14分30秒、170 ℃以上高温烹制,更觉得可以放心吃炸鸡了。"透过此次事件,人们可以看到肯德基企业文化内部一整套规范、娴熟的危机处理机制。对国内众多企业而言,这也是一次学习如何建立、健全危机公关的不可多得的机会。

可见,本来看似不利的一件事,现在透过积极的媒体对话途径并向社会传达,很可能会消除许多消费者的疑虑,化危机为商机。

(资料来源:国际公关网)

1.2.2 公关活动的战术安排

公关策略策划作为一种为实现公关目标而采用的方式方法与特殊手段,谋略运用对其策划成功十分关键。公关策划的方法很多,在此提供一些常见常用的策略策划方法。

1）借题发挥法

借题发挥法是利用一切可以利用的机会和条件,转换局势,争取主动,因势利导推出公关策划,实现公关目标的方法。"借"的关键在于"巧",即巧妙借用社会的重大变故或事件、组织的重大节日或仪式庆典等。

2）择时造势法

择时造势法指抓住最有利时机,制造轰动效应,塑造组织形象的方法。其关键在于利用环境所提供的机会,抓住最佳传播时机,敢于抢先一步,做"出头鸟"。公关人员应当有敏锐的观察力,善于发现和捕捉机遇。适时地顺势、借势、造势,使组织的知名度和美誉度得到扩大和提高。

3）以攻为守法

以攻为守法即当组织与外部环境出现矛盾冲突时,抓住有利时机和有利条件,主动出击,通过迅速调整自身的方针、政策、行为习惯等,开创新局面的方法。如:通过选择新的顾客群,开辟新市场;通过"制造新闻"去消除负面影响,形成支持组织的社会舆论等,都可以看作是以攻为守法。

4）直接仿效法

直接仿效法即借用他人成功的招式为我所用的方法。中外值得借鉴和运用的成功范例很多,关键在于如何因时、因地、因国情、因环境等具体因素而取舍选用,仿效一定要恰当,要尊重人家的知识产权,要实事求是,力避东施效颦。

5）人际传播个性化

人际传播泛指人与人之间的相互接触与彼此往来。人际传播要非常注意个性化设计,无论是一个电话、一个信函、一个卡片,都要非常有针对性地设计,这种设计来源于你对传播对象的了解。

1.2.3 整合营销传播的策划

整合营销传播是在市场营销中有效整合营销策略,运用大众传播媒介,以期达到最大化营销目标的一种方法,是公共关系活动与市场营销活动的综合运用。

1）分析企业局势,确定营销态势

以公共关系调查和市场调查综合结果为依据,分析并确定企业所处的内外环境、市场环境、竞争者状况等,以便明确企业所面临的市场局势。

2)寻找活动的契机,制订营销传播方案

寻找一个公共关系主题,使之能直接与企业经营的产品或提供的服务产生某种联系,要求在活动中,既能充分体现社会公益特色,不彰显企业的功利目的,又能切实在短期内为企业带来较好的营销收益。

3)制订整合营销传播方案

在制订整合营销传播方案时,重要的是如何把营销组合策略与公关传播主题相结合,形成全新的整合营销传播方案,形成企业经济效益和社会效益的双赢局面。

4)对整合营销传播方案进行分析完善

在制订好整合营销传播方案后,应进行必要的可行性分析,对公关主题的选择、活动宣传手法、营销组合方案等进行再推敲和论证,努力使其更具有操作性和高效益。特别是对于大众传播媒介的选择和使用,更应进行反复的斟酌,以期实现最大的经济效益和社会效益。

5)报送企业决策部门审查

在整合营销传播方案确定后,要报送企业决策部门审查批准。对于经费预算情况,应列举详细的预算表,请决策部门研究决定。

1.3 公共关系实施

公共关系实施是整个公共关系活动的中心和关键环节,是将公共关系策划变为实际行动的过程。一个精彩的公关策划需要同样精彩的实施,那么,如何实施才能更好地体现公关策划意图呢?

1.3.1 公共关系实施的原则

1)目标导向的原则

所谓目标导向的原则是指在公共关系计划实施过程中,保证公共关系实施活动不偏离公共关系计划目标。

2) 控制进度的原则

控制进度原则就是必须按照公共关系实施方案中各项工作内容实施时间进度的要求,随时检查各项工作内容的完成进度,使各项工作内容按计划协调、平衡地展开,并确保按时完成。

3) 整体协调的原则

所谓整体协调的原则就是在计划实施过程中使工作所涉及的方方面面,达到和谐、合理、配合、互补、统一的状态。

4) 反馈调整的原则

所谓反馈就是指把施控系统的信息作用于受控系统(对象)后产生的结果再输送回来,并对信息的输出发生影响的过程。

5) 选择时机的原则

正确选择时机是提高公共关系计划成功率的必要条件。忽视时机这一因素,常常会导致计划实施的失败或者事倍功半。

1.3.2　公共关系的实施过程

1) 实施初期

首先,选择好具体实施日期。要符合正确选择时机的原则。由于客观环境,包括面对的公众都处在不断地发展和变化之中,若实际的公共关系形势乃至企业面临的整个形势与计划发生出入,就要根据实际情况对计划进行必要的调整。公关计划实施的时机选择是公共关系工作的重要技巧问题。第一,避开或利用重大节日。如果策划的公共关系活动与重大节日有联系,就要充分利用节日来增强活动效果,如促销性的公共关系活动;如果策划的公共关系活动与重大节日没有太大联系,就要避开节日,否则,活动内容会被节日气氛所冲淡,得不偿失。第二,避开或利用国内外重大事件。如策划的公关活动与国内外重大事件有联系,就要利用重大事件,如中央宣布放宽部分商品价格时,企业可抓住时机向客户公布产品调价;如策划的公关活动与国内外重大事件无关时,就要避开这个时机。利用新闻媒介传播企业新闻时就要避免在发生重大的全国性或国际性事件时期向报社发稿,因为发去了也可能被重大的新闻挤掉,这是公共关系人员主观上无法控制的时机因素。

经验丰富的公共关系人员在实施计划时一定经过周密而全面的考虑,考虑到一切影响行动时机的因素,以将无法控制的因素化为可控制因素,将不利因素化为有利因素,抓住一切机会,主动开展多种公共关系活动,努力使公共关系计划目标实现。

小贴士

每年中国人的传统节日春节都是家电厂商的"兵家必争之地",面对即将到来的春节各大家电厂商严阵以待,疯狂降价、送礼返券、捆绑销售等活动轮番上阵,家电岁末促销大战硝烟频起。对于消费者来说春节前夕是最佳购买时期,不少消费者都准备在春节升级家中的电器,辛苦工作一年腰包鼓了,买点新电器不仅能犒劳自己和家人,还能为生活锦上添花,何乐而不为呢?精明的厂家商家又怎么会放过这一大好时机!

其次,选择好传播媒介。在媒体单一、大众传播的年代,媒体的选择往往只需考虑成本。时至今日,媒体传播早已发生了巨大的变化,传播媒体出现多元化的格局,公共关系活动实际上是针对目标公众而进行的信息传播活动。要想使这种传播活动取得最大的效果,必须使发出的信息全部或大部分为目标公众所接受,这就需要通过对象公众所惯常使用的传播媒介或渠道来传递信息。美国著名商人约翰·华纳梅克曾经感叹道:"我知道我的广告费有一半是浪费的,问题是我不知道浪费掉的是哪一半。"其实,浪费的部分在很大程度上就在于没有选择好恰当的传播渠道。

根据对象公众的国别、居住地区、职业、教育程度、社会经济地位等特征可以大体上判断出他们喜欢或习惯阅读的报刊,收听的广播和收看的电视节目等,并查明上述报刊、广播电台、电视台的情况及有关编辑、记者的情况,以便针对这些情况开展广告、宣传活动,使企业的信息能够通过适当的媒介被对象公众所接受。

再次,选择好公关信息。根据调查研究和计划过程中所了解到的对象公众的文化、社会心理等方面的特点,公共关系人员在设计制作信息时就可以参照这些特点,使自己写出的新闻稿件、广告稿、演讲词、展览说明、小册子等能够适合对象公众的特点,激发他们的兴趣。

2)实施过程中的检查反馈

公关策划执行情况的检查反馈是公共关系实施过程中不可缺少的一个环节。

实施过程中的检查反馈的作用主要有:可以及时了解公关策划是否真正落实

到每个人,并与责任制挂钩;可以发现计划是否符合实际,便于及时提出修改意见;可以深入地考核计划执行的实际情况,及时发现存在问题、矛盾和薄弱环节,以便采取相应措施使计划得到全面完成;可以总结计划编制和组织执行中的经验教训,积累资料,以便提高今后公关计划的科学性。

公关策划实施检查反馈的内容有 3 个方面:一是进度。即检查公共关系计划完成的进度。它是指实际完成的绝对数字和完成数所占计划的百分比;二是关系。其中包括公关计划与企业整体计划、与各部门计划的执行情况是否协调;彼此配合是否默契,是否符合党和国家的方针政策;三是效益,即检查公共关系活动是否符合预算和财务计划要求,投入与产出比例是否恰当。

1.3.3　实施运作中的障碍及其克服

公关计划实施过程中,由于内外环境的不断变化,预定的计划往往跟不上形势的发展,这就需要适度的修改。同时,公关计划实施过程中还会遇到各方面的干扰,这就需要不断地排除干扰。

1)目标障碍

目标障碍是指公共关系活动策划方案中由于目标定位不明确甚至不正确,缺乏可操作性或由于方案制订的活动偏离目标而给实施所带来的困难。排除目标障碍的根本方法是要及时调整、修改,按照整体修改后的公关计划开展公共关系活动,以保证每个局部工作都能够紧扣整体目标。

目标障碍主要有下列 5 种可能情况:①目标是否切合实际并能够实现;②是否具有可行性和可控性;③检查是否体现所期望的结果;④是否是实施者职权范围内所能完成的;⑤完成期限是否合适。

2)传播沟通障碍

公共关系活动方案的实施过程实质上就是传播沟通的过程。在实施过程中,往往会因为语言、习俗、观念、心理等差异而产生各种沟通障碍。排除沟通障碍的主要方法,一是正确选择沟通方式和渠道;二是灵活运用传播媒介。

3)突发事件障碍

对公共关系活动的实施方案的实施干扰最大的莫过于重大的突发事件。一类是人为的纠纷危机,诸如公众投诉、新闻媒介的批评、不利舆论的冲击等事件。另一类是不以人的意志为转移的灾难危机,诸如地震、火灾、水灾、空难等。这些重大的突发事件对公共关系活动的实施干扰极大。一个社会组织如果不善于处理突发事件,那么不但会使整个公共关系活动策划方案难以实施,甚至会影响本组织的生死存亡。

由于传播问题本身的障碍,加上社会及公众的复杂性、多变性,某项计划、某个行动在执行中常常会受到谣言或其他信息的威胁和干扰,有的竞争对手采取非法竞争手段,甚至故意制造谣言,引起混乱,混淆公众视听。对此,要非常敏锐地觉察并迅速将其真情向公众传播,及时澄清谣言,取得社会舆论和公众的理解,以实现公共关系计划和目标。

小案例

美国一家牛奶公司意欲将该公司的消毒牛奶打入日本市场,但遇到一系列的障碍:①日本的消费者对喝消毒牛奶有利于健康持怀疑态度;②日本消费者反对此产品,担心消毒牛奶的安全问题;③靠近大城市的牛奶市场主反对消毒牛奶的分销,害怕与此竞争;④由于利益集团施加压力,多家零售商表示不愿经销消毒牛奶;⑤卫生福利农林部门表示,它们需观察一个阶段,然后再决定是否允许消毒牛奶的广泛推销。

为了排除这一障碍,这家公司的第一步行动是与日本卫生部门联系,使之批准销售该产品,因为若没有该部门的批准,公司无法实施下面的计划。第二步说服大零售商来经销消毒牛奶。第三步是与牛奶场取得联系。第四步对消费者进行消费教育。后三步均是在前一行动取得成功的基础上进行的,从而避免了人力、物力和资金的浪费。

(资料来源:邬瑛.公共关系[M].杭州:浙江大学出版社,2007.)

1.4　公共关系评估

1.4.1　公共关系评估的内容和方法

1)公共关系评估的内容

公共关系效果评估是公共关系工作程序的最后一步。公共关系评估是一个连续不断的活动,一旦进入公共关系的工作过程,评估活动就开始了。因此,从理论上讲,公共关系评估的内容应该包括公共关系活动的方方面面。其评估的内容主要有以下几点。

(1)公共关系工作程序评估

即对公共关系工作的各个步骤、各个环节的工作进行评估或研究,其内容和要

点主要有:

①公共关系调查过程评估。包括:调查的设计是否合理,调查方法的选择是否得当,调查工作的组织实施是否合理,调查结论分析是否科学,等等。

②公共关系制订计划过程评估。包括:公共关系计划的目标是否科学;总体计划是否可行、合理;战略构想是否周密、科学;目标公众选择有无遗漏,是否科学;媒介选择及媒介策略是否得当;经费预算是否合理,等等。

③公共关系计划实施过程评估。包括:各项准备工作、沟通协调工作是否落实到位;实施过程安排是否合理、周到、有创新;信息制作的内容是否准确;传播效果是否明显;实施过程的安排是否得当;实施效果是否达到目标要求,等等。

(2)专项公共关系活动评估

主要包括:日常公共关系活动成效评估、单项公共关系效果评估、年度公共关系活动效果评估、长期公共关系活动效果评估。

2)公共关系评估的方法

(1)公众舆论调查法

这是形象评估中最重要的方法。进行舆论调查可以运用在形象调查阶段所使用的各种方法,如观察法、访谈法、民意测验法、问卷调查法、文献调查法等。

(2)新闻媒介调查法

这是利用新闻报道进行形象评估的方法。组织的公关活动结束后,公关人员将所有在报纸、杂志、广播、电视等新闻媒体上刊登的有关这次活动的新闻稿件,以及播出的有关活动的新闻节目,统统收集起来,然后分析报道的次数、时间、版面、媒体的重要性、字数,等等,从中得出公关活动受新闻媒介关注的程度,反映公关工作本身的效果。

(3)自我评估法

公共关系活动是否产生了效果,从组织内部也可以反映出来。公关人员可将组织在活动前后的经营状况加以对比,如顾客是否增加了、销售额是否上升了、顾客投诉是否减少了,等等,从而得知公关活动的效果。

小案例

索爱是一家销售不间断电源的专业化 IT 公司,其公共关系部门是设在市场部下面,部门的工作目标是维护品牌在客户中的形象。在这样的目标下,索爱选择了年终问卷调查的方式来评估一年的工作,评估的标准是看不间断电源的用户群中,索爱的品牌形象在所有竞争厂商中所处的位置。索爱的公共关系部门相对独立，管辖着媒介传播和市场活动，公共关系的职能聚焦在支持销售，因此，有多少顾客是因为在媒体上看到有关索爱的报道而选择购买了索爱的产品，是评估公共关系绩效的重要指标，据索爱公共关系总监宁述勇介绍，通过问卷调查，这个比例在索爱高达40%，远远高于广告的影响力。

（资料来源：17PR.COM 中国公关门户）

1.4.2 公共关系评估报告的撰写

公共关系评估报告要以针对性、完整性、及时性、客观性和独立性为基本原则。评估报告的基本格式：

①标题。标题应高度概括了评估报告的主要内容，要求文字严谨，注重正式性和规范性。

②目录。

③前言。前言又称导语、总述或开头。它往往以精练、简短的文字，概括性地介绍公关活动的基本情况和实施背景，为评估报告正文的写作奠定基础。

④正文。正文是评估报告的主体和精华。它由事实材料、统计数据和图表等组成，主要描述活动的具体实施过程、活动取得的效果、出现的失误及其原因、下一步的努力方向等。

⑤附件。附件是正文的证明材料。

⑥后记。主要说明一些相关问题，如评估报告的传播范围、致谢等。

【做一做】

一、经典案例阅读

"农夫山泉"有点甜

2000年，中国水市竞争格局基本上已经成为定势。以娃哈哈、乐百氏为主导的全国性品牌，基本上已经实现了对中国市场的瓜分与蚕食！同时很多区域性品牌，也在对水市不断进行冲击，但是往往很难有重大突破。当时，比较有代表性的水产品有深圳景田太空水、广州怡宝、大峡谷等，还有一些处于高端的水品牌，如屈臣氏、康师傅等。但是，中国水市竞争主导与主流位置并没有改变。正是在此时，海南养生堂开始进入水市，农夫山泉的出现改变了中国水市竞争格局，形成了中国市场强劲的后起之秀品牌，从而创造了弱势资源品牌打败强势资源品牌的著名战例。在具体的操作过程中,首先,农夫山泉买断了千岛湖50年水质独家开采权,在这期间,任何一家水企业不可以使用千岛湖水进行水产品开发。不仅在瓶盖上创新,利用独特的开瓶声来塑造差异,而且打出"甜"的概念,"农夫山泉有点甜"成为差异化的卖点;其次,为了进一步获得发展和清理行业门户,农夫山泉宣称将不再生产纯净水,而仅仅生产更加健康、更加营养的农夫山泉天然水,并且做了"水仙花对比"试验,分别将三株植物放在纯净水、天然水与污染水之中,我们会发现,放在纯净水与污染水中的植物生长明显不如放在天然水中的生长速度,由此农夫山泉得出一个结论,天然水才是营养水。用其"天然水比纯净水健康"的观点,通过学者、孩子之口不断传播,因而赢得了影响力,农夫山泉一气呵成,牢牢占据瓶装水市场前三甲的位置。

案例分析:

农夫山泉的成功,在于其策划与造势,一方面对卖点不断提炼,从瓶盖的开盖声音到有点甜,从有点甜到而今的 pH 值测试,宣称弱酸弱碱性;另一方面是善于策划和造势,通过创意、对比、创新来形成差异,进而提升自己。

(资料来源:世界经理人网)

二、实训活动

◎ 实训1

观察法调查产品销售情况。

选择某一种产品作为调查对象,学生每3~5人为一组,以小组为单位开展实地调研,由老师带领到某大型超市进行考察。观察内容包括:

①购买同类产品的消费者人数。
②购买本产品的消费者人数。
③购买本产品的消费者年龄性别特征。
④购买同类产品的消费者年龄性别特征。
⑤对本产品的评价。

小组成员分工合作,观察搜集资料后,统计汇总调查结果,分析后写出调查报告。

◎ 实训2

练习编写调查问卷。

小王准备在某大学城开一家眼镜店,现在他想了解学生对眼镜的品种、质地、款式、价格及店面装修方面的喜好和需求,请你帮助他设计一份调查问卷。问卷设计 15~20 个问题,包括开放式问题和封闭式问题。

◎ 实训3

假如你们班的一位同学发行了个人演唱专辑,你们决定举行新闻发布会,请你为发布会进行策划并模拟举行发布会。

【任务回顾】

本章是本门课程的第一章,主要介绍了公共关系工作程序的基本环节。包括公共关系调查、公共关系策划、公共关系实施、公共关系评估等4个实践性阶段和环节。通过学习掌握公共关系调查的基本方法和公共关系调查的内容,学会写简单的调查报告,了解公共关系策划和实施的要点及基本内容,以及公共关系评估的内容和方法。

【名词速查】

1. 公共关系工作程序

公共关系工作程序是指公共关系实务活动的操作步骤及过程,它包括公共关系调查、公共关系策划、公共关系实施、公共关系评估等4个实践性阶段和环节。

2. 公共关系调查

公共关系调查是指组织的公共关系部门和人员运用科学的方法,有目的、有步骤地考察分析组织的客观公共关系状态,综合分析相关因素,以掌握组织现状,解决组织面临的公共关系问题为目的的调查研究活动。

3. 公共关系策划

公共关系策划是指为了达成组织目标,公关人员在充分进行公众环境分析调查基础上,对总体公关战略及具体公关活动所进行的谋略、计划和设计过程。

【任务检查】

1. 公关调查的基本方法有哪些?

2. 公共关系实施有哪些基本原则?

3. 案例分析:

1988年10月25日,一架波音747喷气式客机从东京飞往伦敦。机上只有一名乘客。这架飞机是英国航空公司所属的008号班机,乘客是日本妇女大竹秀子。为什么一架飞机竟只载一人飞行?原来,在东京等候这架班机的有191名乘客,可是,这架飞机因机械故障推迟起飞。其他190名乘客都经劝说改乘别的航班走了,

唯独大竹秀子非008号不乘。在此情况下,英航毅然决定008号班机在修复后放弃另外的商业飞行,载着大竹秀子一个人开始了航程为13 000千米、飞行时间为13个小时的长途飞行。在航行过程中,大竹秀子被请入头等舱,15名服务员和6名机组人员专为她一个人服务。她享用了水煮大马哈鱼、嫩煎猪肉等美味菜肴,又收看了专场电影,在睡意朦胧中飞抵伦敦。大竹秀子一走下飞机旋梯,便被闻风而至的几百名记者团团围住。为了这次飞行,英航公司损失了整整10万美元。

请分析,英航公司该不该损失这10万美元,并评估这次活动的效果。

4.请走入社会,了解一些社会机构所进行的公共关系活动是否成功,并予以评价。

任务 2
企业内部公共关系

任务目标

通过课堂教学、案例分析等多种形式，使学生了解企业内部公共关系的内容，认识员工关系的重要性，学会并掌握处理员工关系的技巧，了解培育独具特色的企业文化的必要性和股东关系沟通的重要性。

学时建议

知识性学习 4 课时。

案例学习讨论 2 课时。

现场观察学习 4 课时(业余自主学习)。

【导学语】

"员工第一"的说法对吗？员工与股东的矛盾能解决吗？

员工是服务上帝的人，要使上帝满意，首先员工要满意！

本课就是学习掌握内部员工关系的方法和技巧的！

大家跟我一起来看看发生在广州花园酒店的一个真实的故事。

案例导入

员工第一

原广州花园酒店总经理袁伟明先生向管理人员提出"员工第一"的口号。他认为，只有把员工放在第一位，尊重他们的劳动和尊严，使他们处处感受到自己作为"花园"不可或缺的一分子的"主人翁"价值，认识到"花园"的荣辱与他们的工作形象和经济效益都息息相关，这个酒店才能成为成功的酒店。根据这一思想，花园酒店最高决策层制定出一系列协调员工关系、激励员工士气的措施。比如，每月固定一天为员工日，届时高层管理人员一起下厨为员工炒几道拿手菜；酒店公共关系部定期邀请员工亲属出席"酒店与员工家庭亲善会"，征询意见，争取"后院"的理解和支持；哪位员工工作有成绩，会收到总经理签发的嘉奖信；每一位员工生日的当天，都会收到总经理赠送的生日贺卡；酒店设立意见奖，最高管理层对有建设性的意见保证在3天内作答，并给予奖励等。袁先生是知名的美籍华裔人士、全美酒店管理业的六大明星之一。他认为，优质服务和产品是酒店成功之要素，而服务和产品是由员工提供的，所以员工就是酒店最宝贵的财富。这位精通公共关系技巧的总经理走马上任刚刚半年，便使广州花园酒店的形象和经济效益都得到很大的提高。这便是"员工第一"带来的效应：2 000名员工的内聚力使酒店整体的外张力大大增强了。

（资料来源：缪启军，詹秀娟.公共关系实务[M].上海：立信会计出版社，2008.）

看完这个故事，大家是不是认识到员工的主动性会给企业带来极大的利益呢？

【学一学】

任何一个企业公共关系的涉及范围,大致可分为两大类,一类是企业内部公共关系,另一类是企业外部的公共关系。企业内部公共关系的状态,直接影响到企业形象的塑造和企业目标的实现。内部公众具有较强的稳定性和可控性,既是企业内部公关工作的对象,又是卓有成效地开展外部的公共关系的主体和保证。

企业内部公共关系是指一个社会组织与其内部公众之间的关系,以及组织为协调改善内部公共关系所进行的公共关系工作。组织内部公共关系主要包括员工关系和股东关系两部分,并且员工关系和股东关系可能交叉,如图2.1所示。股东关系是指企业同企业所有股东之间的关系,包括个人股东和集体股东等一切股东的总和。员工关系和股东关系存在着交会点,是指组织内部的公众一部分既是员工又是股东,他们与企业结成了双重内部公共关系。将企业内部公共关系仅仅分为员工关系和股东关系,显然是一种很简单的划分模式,因为在它们内部存在着更为复杂和多样的利益细分,这也是由他们在企业中所处的地位决定的。对于员工关系而言,由于人们的地位差异形成了上下左右纵横交错的利益关系,股东关系也存在着不同的公共关系类型:董事会成员关系、股票持有者关系、集团股东关系以及金融机构和证券商关系类型,等等。严格地讲,股东关系超越内部公共关系,但由于他们中的一部分属于内部成员关系,而且他们对企业极为关注,因此将他们纳入内部公共关系体系分析是极为必要的。

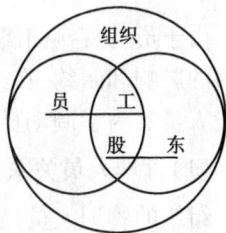

图 2.1 组织内部公共关系结构

2.1 员工关系

员工关系指公司(组织)与员工的关系,以及公司(组织)为协调员工关系所开展的公共关系工作。

2.1.1 员工关系的重要性

企业内部的员工,既是公共关系的客体,又是公共关系的主体。作为客体,他们是企业公共关系的对象。作为主体,企业的产品和服务是员工生产和提供的,如作为营业员的员工,要和顾客打交道;作为售后服务人员,要和用户打交道;作为采购员,则要和供应商打交道等。员工处在企业对外公共关系的第一线,他们的一言一行都会对社会公众产生影响。企业生产经营计划的执行,短期、中期目标的实现及远期战略的实施,也都离不开员工的有效参与。

在员工关系中,企业管理者和企业的关系尤为引人注目,这不仅是因为他们是企业的决策者,而且他们承担着与一般员工不同的责任,有着特殊的利益要求。

因此,协调员工关系,培养员工的认同感和归属感,增强组织的向心力和凝聚力,就成为公共关系工作的起点。

2.1.2　建立良好和谐的员工关系

1)员工关系的分类

由于员工直接归属组织,依赖组织而生存,其个人目标和行为受到组织目标和行为的影响和制约,在组织内部公共关系中,其具体对象包括管理人员、技术人员、一般人员。为了调动员工的能动性,必须正确处理好以下3种员工关系。

(1)管理人员关系

组织的管理人员是指组织内部各级业务部门主管人员和各个职能部门的主管人员。他们是组织的骨干,是组织的生产经营计划以及规章制度的制定和实施者,同时,管理人员在组织内部正式信息渠道上承担着上情下达、下情上达传播沟通的重任,是组织的中坚力量,组织高层的决策,首先要征得组织管理人员的支持,为此,企业在开展公关活动时,要充分了解管理人员的个性、兴趣和需求等,调动、激发管理人员的热情。

(2)技术人员关系

专业技术人员是组织赖以生存和发展的主力军,是组织的宝贵财富。因而,在处理组织与技术人员的关系时,要为其提供宽松的人事环境和施展其才智的广阔空间。

(3)一般人员关系

一般人员处于组织业务活动和日常工作的第一线,是产品或服务的直接创造者,他们的工作态度、工作热情、工作质量怎样,直接关系到组织的声誉和形象。此外,由于一般人员处在组织的基层,人多嘴杂,处理好组织领导和一般人员的关系,是组织公共关系最基础的工作,应着重在他们之间加强信息沟通和感情沟通。

2)处理员工关系的艺术

目前,无论是社会还是企业中都存在一种普遍现象:财富在增加,满意度在下降;拥有的越来越多,快乐越来越少;沟通手段越来越多,真心朋友越来越少。如何引导员工看待社会主流和企业本身,树立正确的人生观、价值观,成为企业处理公共关系工作的首要任务。

(1)了解需求,加强双向沟通

①组织管理人员的需求。组织的管理人员,在企业中拥有经营决策权。他们首先希望的是企业在自己的管理下健康快速发展,他们固然需要足够的物质回报,但更多的还是希望能够在岗位上锻炼自己,实现自己的人生价值。其次,追求个人报酬的最大化。组织的管理人员的报酬往往和企业的业绩挂钩,如果企业发展了,其薪酬自然水涨船高,针对他们,其实就是个人自我实现感。

②科技人员的需求。给科技人员在设施、资金等方面进行重点资助,为科技人员开展科学研究、项目开发、成果创新创造良好的基础条件,满足他们希望得到的声誉和威望。

③一般员工需求。首先,合理的薪酬和较好的福利待遇。各种形式的薪酬是员工生存和企业发展的基础,一方面管理者有责任引导员工发扬献身精神,另一方面也要切实关心他们的薪酬水平;其次,要满足他们社交的需要。

小贴士

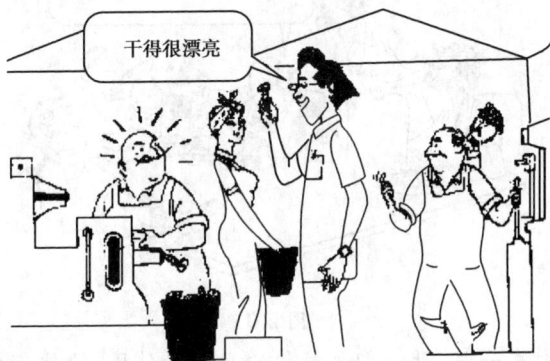

图2.2

甚至最平常的小事……

……也应当注意并且及时称赞。聪明的领导者应当这样做,而且不能只表扬一次就万事大吉。如果有人工作干得不错,就应不断表扬,因为大多数人渴求称赞的心理是永不满足的。

(2)培养组织内部融洽的"大家庭氛围"

人际关系的紧张往往产生于误会,而大多数的误会又是由于人们彼此之间缺乏有效的沟通而造成的。一般员工作为组织的一分子,如果对组织的情况不了解,特别是对与自己切身利益相关的信息知之甚少,便会产生猜疑、烦恼、对抗的心理和行为,从而造成人们之间的隔阂、争斗和内耗。建立信息传递渠道,既是为了形成良好的人际关系,也是为了求得员工在认识上和行为上与组织的根本目标保持一致。

　　和谐的人际关系对于组织内部的成员而言,除了自己从事的工作有意义,事业有发展,而且希望自己的组织是一个充满人情味和温馨感的"大家庭"。因为只有生活工作在家庭式的氛围里,才会感到轻松愉快。企业员工在工作中离不开上级、同事和下级的支持,和谐的人际关系实际上也是个人需要的一种满足。这就意味着企业员工能够彼此谅解,使人际关系融洽、和谐,这实际上也是内部公关所要追求的最大目标。

小贴士

图 2.3

　　与你的下属打成一片,让他们了解你的习惯和作风,给他们创造更多的机会,让他们说出自己的心里话。多鼓励他们这么做,这是使人心相通的最佳方式。要经常和他们谈心,了解他们心里想什么,这样你就会对他们的要求有准备,乃至可以防患于未然。

小故事

松下电器的人才学校

　　日本松下电器公司是一个非常重视员工成长环境培养的典范。据说,有一次该公司的创始人松下幸之助召见他的销售经理,问他:"松下公司是生产什么产品的公司?"销售经理顺口答道:"电器。"松下大怒,训斥道:"松下公司是培养人才的公司,并兼做电器商品的生意。"松下先生常常教诲公司的各级干部说:"经营始于人,也终于人……人才培养成功,事业才会成功;人才培养失败,事业也将随着失败。"为了培养人才,松下先生不惜拨出巨款创办松下政任塾、松下工学院,建立各种培训中心,建造松下电器的历史馆、柔道馆,等等。有人说,松下公司是一所德、智、体三结合的人才学校。

（3）树立组织信念,培养员工正确的价值观念

价值观念是社会组织全体成员所拥有的共同信念和判断是非的标准,是调节组织成员行为和人际关系的导向体系。员工的价值观念是决定组织兴衰成败的一个根本问题,对于塑造组织形象和组织生存发展具有重要作用。社会组织在协调内部公共关系过程中,首先要遵循员工心理活动规律,正确处理组织内部因素与外部环境、组织整体与员工个人、组织与社会、传统文化与时代精神、现实与未来等一系列关系,逐步地精心培育全体职工认同的价值观念。员工则依据个人期望和企业的愿景目标,调整自己的心理需求,确定自己对企业的关系定位,结合企业发展目标和自身特点设定自己的职业生涯规划,并因此决定自己的工作绩效和达成与企业的共识:个人成长必须依附企业平台,离开企业这个平台谈员工个人目标的实现只能是一句空话。这样既有坚实的现实基础,又具有一定的超前性,成为职工共同的行动指南,奠定组织内部团结的思想基础。

聚力必先聚心,聚心必先尊重人。请看"麦当劳"公司是怎样做的。

小故事

"麦当劳"的内部公关

美国的麦当劳公司现在是世界快餐业中最大的公司之一。自1955年创立以来,麦当劳苦心经营,不断发展,目前在全世界建有20 000多家快餐店。现在的麦当劳在美国汉堡系列食品市场上有42%的份额,品牌价值超过了200亿美元。麦当劳公司一直非常重视内部公共关系,为在企业内部创造一种积极向上、开拓进取的精神风尚,麦当劳不看重学历、资历,重在表现。麦当劳连锁分店每年举办岗位明星大赛,全世界举行各地岗位明星比赛,经理必须从普通员工做起,一方面增长了管理人员的真才实干,另一方面又给了最基层员工实现自身价值的机会。表现好的管理人员被送到芝加哥汉堡包大学,系统地学习作为一个经销商或餐厅经理经营餐厅的专门技术知识。现在的竞争,说到底是人才的竞争。员工素质的不断

提高、才干的不断增长是组织的巨大财富,它保证了组织的生机与活力。麦当劳除了给员工创造更多深造、晋升的机会外,还很重视在内部建立麦当劳大家庭的观念,创造和睦的大家庭气氛。在麦当劳无长幼尊卑之分,所有员工都互称名字;记住每个员工的生日,并根据员工的情况给予一定形式的祝贺。另外,麦当劳很重视员工外观形象的塑造。为了吸引顾客,麦当劳让每一位员工都穿上有明显花纹的制服。员工的服务态度也是一流的,只要你推开麦当劳的大门,就会听到亲切的"欢迎光临麦当劳"的问候,笑容始终在员工的脸上,让你总有宾至如归的感觉。

案例评析:

通过内部公共关系活动,麦当劳把广大内部员工的思想和言行引导到组织的既定目标体系之中,员工在麦当劳有一种不是家庭胜似家庭的归属感,其强大的凝聚力不言自明。

（资料来源:中国营销管理网）

2.1.3 培育独具特色的企业文化

1)企业文化的定义

企业文化是企业在长期的实践活动中所形成的并且为企业成员普遍认可和遵循的具有本企业特色的价值观念、团体意识、工作作风、行为规范和思维方式的总和。在企业内部开展公关活动,逐渐形成本企业独特的文化,一旦这种文化为大家所认同并以之来规范自己的行为,那么它对于处理各方矛盾,促进企业的发展,帮助企业获取更多的发展机会都有着重要的意义。

小问题

你能讲出你所在组织的文化吗?

2)培育企业的核心价值观

在激烈的竞争环境中,任何组织都不可能把所有的规定都写进规章制度或者契约中。在这种情况下,组织文化的作用将凸现出来,组织文化是组织的生活方式,是组织内共有的价值观、信仰和习惯体系,是一种群体角色的认同,最终以社会角度和心理沟通的形式发挥作用。

3)增强企业的凝聚力

每个组织内部成员都是企业赖以生存的细胞和发展壮大的基础,组织的知名度、声誉更是离不开内部成员的齐心协力,而组织的经济效益同样是依靠员工双手创造的。但在一个竞争的社会环境中,企业的发展壮大绝不能依靠个人英雄主义,而应依靠有着强大战斗力的团队。面向组织成员开展公关活动,可以加强各方面的沟通,打破各方的心理隔阂,增强企业内部的凝聚力。

小贴士

图2.4

他正在竭尽全力带领大家涉水而过。一个好的领导要能挖掘每个职工的长处,这样才能取得别人所不能取得的成绩。

小案例

海尔集团公司企业文化

海尔集团公司是中国家喻户晓的名牌企业。海尔的成功关键在于观念的转变。张瑞敏说过:"观念一变天地变,观念不变原地转。"

1.质量第一的观念

海尔产品没有"二等品",要么就不干,要干就要争第一。

2."打倒自己"的观念

海尔人说:"在市场竞争中,与其让别人来打倒你的产品,不如先打倒自己的产品,只有不断地打倒自己,才能在市场上永远不被打倒。"

"打倒自己"就是不断提高自己。为此,海尔总是把世界上最好的产品作为自己的对手,把自己的产品拿到欧美等发达国家去竞争,不怕人家把自己的产品打得落花流水。

3.优质服务的观念

海尔人提出了"三零"服务目标:"产品零缺陷,使用零抱怨,服务零烦恼"。海尔产品售出后,贯彻执行"一、二、三、四"服务模式,即:

一个结果:顾客满意。

二个理念:带走用户的烦恼到零;留下海尔的真诚——真诚到永远。

三个控制:服务投诉率小于十万分之一;服务遗漏率小于十万分之一;服务不满意率小于十万分之一。

四个不漏:一个不漏地记录用户反映的问题;一个不漏地处理用户反映的问题;一个不漏地将处理结果反映到设计生产部;一个不漏地进行跟踪服务和信息收集。

4.创造顾客的观念

张瑞敏说过:"企业第一位的是创造顾客,而不是创造利润。不能局限于在现有的市场中争份额、切蛋糕,应该以自己的优势去创造顾客,创造市场,另做一块蛋糕。"

案例评析:

通过企业文化建立,形成共同的价值观念,使个人的目标与组织目标达到高度一致,充分展示社会组织良好形象的同时,企业获得了极大的效益,海尔公司是成功的。

(资料来源:《成功企业文化案例集锦》,豆丁网站)

4)团队精神是企业发展的基石

在今天,团队精神成为各企业的核心,一个有高度竞争力的组织,包括企业,不但要求有完美的个人,更要有完美的团队。无数的个人精神,凝聚成一种团队精神,这家企业才能兴旺发达,基业长青。

①一个真正的团队应该是一个有机整体,有一个共同的目标,并为这个目标努力奋斗。其成员之间的行为相互依存,相互影响,并且能很好合作,追求集体的成功。

②企业的生存和发展是需要团队精神的。其实,一个企业就是一个小社会。企业是一艘巨大的舰船,装载着一个团队,这个团队齐心合力,就能使这艘舰船避

开暗礁急流,乘风破浪、扬帆远航。企业需要的是一只具有高效的企业竞争力、经过有效磨合能战斗的团队,一个企业要是没有团队精神,单打独斗成为一盘散沙,难以强大。团队精神是一个企业成功的基石、发展的动力、效益的源泉。员工渴望一个广阔的发展空间,希望生活在一个健康稳定、宽松和谐的集体之中。给员工一个充分展示自身才华的最佳位置,做到人尽其才,才尽其用;给员工一个宽松和谐的工作和生活环境,使其心情舒畅、精神愉悦,企业就有了向心力,凝聚力。每一个企业需要作风严谨、敢于拼搏、勇于创新、融洽默契、同舟共济、殊途同归的精神,要力求设计合理的团队结构,科学发挥团队精神,让每个人的能力得到发挥、得到互补,企业才能立于不败之地,在市场经济的大海中乘风破浪,大展宏图。

小案例

理解与信任不是一句空话,往往一个小误会反而给管理带来无尽的麻烦。有一个雇员要辞职,雇主说:"你不能走啊,你非常出色,之前的做法都是为了锻炼你,我就要提拔你了,我还要奖励你!"可是,雇员却认为是一句鬼话,他废寝忘食地工作,反而没马屁精的收入高,让他如何平静!一个想重用人才,一个想为企业发挥自己的才能,仅仅因为沟通方式不畅,都很受伤害。曾经听到一个高级雇员说:"如果老板早一点告诉我真相,我就不会离开公司了。"

（资料来源:诺斯克特·帕金森,拉斯托姆吉.帕金森通俗管理丛书[M].北京:国际文化出版公司,1998.）

想一想:
为什么要建立有效的沟通机制?

2.2 股东关系

2.2.1 股东关系概念

股东是股份制公司的出资人或叫投资人。股东是股份公司或有限责任公司中持有股份的人,有权出席股东大会并有表决权,也指其他合资经营的工商企业的投资者。

所谓股东关系,就是组织与股东之间的关系及针对股东所开展的公关工作。股东包括个人股东,持有可转让、买卖股票的机构投资者等一切股东的总和。股东是公司存在的基础,是公司的核心要素,没有股东,就不可能有公司。

2.2.2　股东关系的沟通

1）处理好股东关系的意义

股东是企业的所有者,他们与企业的生存和发展休戚相关,他们的信心和态度有时可以左右企业的存亡。因此,股东关系的协调有着重要意义。

①建立起良好的股东关系,有利于增进组织与股东及潜在投资者之间的相互了解,从而稳定现有的股东队伍和吸引新的投资者,这对于保持企业稳定、不断获得发展所需的新的资金支持具有重要意义。

②尊重股东、对股东负责、为股东谋利益,是构建良好的股东关系的基本要求。股东是请进来的"上帝",必须受到尊重。正如美国内布拉斯加大学教授罗伯特·罗雷指出:"股东是企业特殊的朋友,应该得到一般公众所得不到的内部待遇。"

③通过股东了解社会各界对组织的态度,预测社会舆论,及时调整组织政策、行为。发挥股东作为组织主人翁的责任,自觉宣传、维护企业的形象,购买并主动推销组织的产品或服务。这将有益于组织形象的推广和利用股东扩大产品的销售网络,开辟新的产品或服务市场,从而为企业在市场竞争中不断发展创造有利的条件。

2）满足股东的需求

为了增强股东的信心,并使他们作出有利于企业的行为,他们的要求应首先得到满足。其需求主要有:收益权,这是最重要的权利,他们对企业进行投资,无时无刻不在关心自己的收益。其次是决策权,股东关心自己的回报,自然需要一个强有力的领导班子,因此他们往往通过股东大会和董事会选择自己所欣赏的经营者。再次是知情权,信息对于股东有着特别重要的意义,是他们进行分析、判断和决策的基础,他们希望能够随时获得企业经营状况的信息,从而来了解企业的发展动力和前景。

3）处理股东关系的措施

①尊重股东的特权意识。尊重股东,就要尊重股东的主人翁地位,在涉及组织发展、股金运用、红利分配等问题上,使股东享有知晓、参与、决策等各项权利,还要特别注意对股东不能厚此薄彼,要一视同仁,使各类股东利益同等、信息共享。

②激励股东参与组织的经营活动。要积极倾听股东的意见,鼓励股东提建议,积极承担起组织所扮演的消费者、宣传者、推销者等角色。

小案例

金杯汽车与股东关系

金杯汽车股份有限公司是全国大型企业中第一家规范化的股份制企业。公司于1984年成立，现有职工51 000人，各类管理人员9 224人，其中专业工程技术人员408人。公司一直非常重视与股东关系的处理。尊重股东，倾听他们对公司发展的意见是公司始终坚持的原则和做法。如公司成立的2年内，先后多次把股东代表请到公司来，由总经理向他们汇报公司的生产和财务状况，请他们参观公司下属工厂。平时，为了让股东及时了解公司的经营状况，定期给每股东赠送一份《金杯汽车报》。一系列的信息沟通和情感联络工作，赢得了股东们对公司的理解和信任，不少股东表示："金杯汽车有干头，有发展，股票买对了，下次我还买。"1991年下半年，当金杯汽车公司面临市场疲软、销售困难时，很多股东来信，表示愿和"金杯"同舟共济，共渡难关。

案例评析：

金杯汽车股份有限公司及时沟通的做法，极大调动了股东关心和参与企业事务的积极性，增进了企业与股东之间的相互了解、信任和支持，也正因为如此，当金杯汽车公司面临困难时，"金杯"的股东们才会作出与"金杯"同舟共济、共渡难关的决策。"金杯"的做法也又一次证明了企业必须重视与股东关系的重要性。

（资料来源：杨丽敏.公共关系理论与实务[M].北京：科学出版社，2008.）

③保证股东应有的经济权益。提高组织业绩，不断提高并及时发放真实的股金红利，并保证股票转让的自由，是提高现有股东积极性和吸引潜在投资者的一个关键途径。

④处理好内部的收益分配。股东是企业的所有者，企业经营者和一般员工是企业的雇员，两个主体有着明显不同的利益，前者可能注重长期行为，后者可能注重短期效益，他们天然存在着某种对立冲突，两者的矛盾常常集中于收益分配上。由于各方当事人在企业中有着不同的利益要求，且这种要求在一定范围内又是冲突的，要实现各方的利益均衡，仅从制度上予以约束和规范显然是难以奏效的，一旦某方利益没有得到满足，就可能给公司带来一定风险。内部公关对于规避这些风险的独特作用就在于它使各利益主体能够从全局考虑，加强内部团结，维护整体利益，并最终保障各方的利益。

小案例

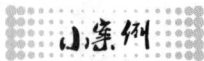

股东知情权纠纷案例分析

原告李某与被告北京市×××科技有限公司（以下简称科技公司）因股东知情权纠纷于 2009 年 2 月向北京某区人民法院提起诉讼。被告于 2003 年 6 月成立，注册资本人民币 100 万元，共 5 位股东。李某出资 10 万元，占注册资本的10%。2008 年 12 月 3 日，被告召开股东会，想增加公司的注册资本，以便于扩大公司的生产经营。2008 年 12 月 25 日原告向被告提出要求查阅 2006 年 10 月 8 日至2008 年 10 月 8 日的会计账簿，包括会计凭证供其查阅，查阅时间不少于 10 个工作日，以便为公司是否增加注册资本提供建议和在表决中作出合理判断，并方便自己股权的处理。2009 年 1 月 9 日公司回复称，要求查阅有关会计账簿不符合《中华人民共和国公司法》（以下简称《公司法》）的规定，不能接受查阅。

法院根据《公司法》第三十四条第一款"股东有权查阅、复制公司章程、股东会会议记录、董事会会议决议、监事会会议决议和财务会计报告"及第二款"股东可以要求查阅公司会计账簿。股东要求查阅公司会计账簿的，应当向公司提出书面请求，说明目的。公司有合理根据认为股东查阅会计账簿有不正当目的，可能损害公司合法利益的，可以拒绝提供查阅，并应当自股东提出书面请求之日起十五日内书面答复股东并说明理由。公司拒绝提供查阅的，股东可以请求人民法院要求公司提供查阅"的规定，李某作为科技公司的合法股东，其有权依法要求查阅、复制公司有关资料，但其权利的行使应依法进行。李某要求查阅并复制科技公司 2006 年10 月 8 日至 2008 年 10 月 8 日的会计账簿，在李某于 2008 年 12 月 25 日提出书面请求要求查阅科技公司会计账簿及有关凭证等资料未果的情况下，因其已说明目的，且科技公司也未能提出充分证据和合理根据认为其查阅会计账簿有不正当目的可能损害公司合法利益，故对其该诉讼请求，法院予以支持。

案例评析：

股东知情权是股东的一种固有的权利，即是法定的权利，未经股东同意，不得以章程或者股东大会决议的形式剥夺或者限制股东知情权的行使。股东知情权包括查阅财务会计报告和账簿的权利。股东提起知情权诉讼需具备一定的客观要件，即需具备一定的持股要件，主观要件则是要出于正当的目的，即与维护基于股东地位而享有的利益具有直接的目的。法律是权利的保障，而权利的行使需要在法律的框架内进行。

（资料来源：法律界 http://www.mylegist.com 2009-05-14）

美国蒙森托公司总经理和董事长小奎恩内曾写道:"公司的事务与雇员、股东及消费者之间的利益有着不可分割的联系。这三方面组成了公司赖以生存的三角支架。管理部门的工作必须使其中的每一方面都得到公平、合理、恰当的对待。"

因此,如果一个社会组织不注意处理内部公共关系,缺乏轻松、愉快、心情舒畅的工作环境,缺乏民主、和谐的领导与员工的上下级关系,不尊重员工的正当权利,不满足员工的合理要求,无视股东的权利,甚至压制不同意见,打击报复,破坏民主,人心涣散,这样的内部公共关系也就缺乏形成组织良好形象的基础和条件,也必然大大影响组织的发展前景和经济效益。

【做一做】

一、经典案例阅读

丰田重奖建议人

日本丰田汽车公司有一项建议制度或称提案制度,即"好产品、好主意",丰田工厂到处都挂着"好产品、好主意"的大标语牌。实施建议制度的最初一年只征集到183条建议,但随后逐年增多,建议的采用率也在上升。1972年,职工提出的建议首次超过10万条,其采用率为57%。1978年,职工提出建议达50万条,采用率达88%。1980年,职工所提建议高达85.9万条,采用率高达94%。资料表明,在1980—1986年期间,丰田公司征集到的建议有430万件之多。

建议制度取得了惊人的成效,仅1975—1976年,就为公司节省了40亿日元。其中有不少建议每月就要为公司省二三百万日元。员工的建议一旦被采纳,丰田公司将根据具体情况奖励5万~10万日元。此外,丰田公司对于在不同阶段提出建议被采纳的人员每月或年终给予奖状、奖品、奖金等不同形式的奖励。据报道,仅1976年,丰田公司就支付出了4.15亿日元的奖金。

案例评析:

通过丰田公司建立建议制度的实例,可以看到:员工的确是企业的一笔财富,是企业的内在资源,这一部分资源如果开发、利用得好,企业将获得除他们劳动创造的产值之外的更大的效益。做到这一点,企业必须以很好的内部公共关系沟通为基础,加之行之有效的政策措施,把员工当做企业的主人,唤起员工的主人翁意识。丰田公司鼓励员工提建议,首先唤起员工的参与管理意识,让他们看到自己的建议被采纳,自己的行为受到表彰,使员工真正体验到自己才是企业的主人。正因为如此,才使得丰田公司的建议制度成为企业管理的典范,同时也为丰田公司一举成为国际汽车大王树立了形象。

（资料来源:增强企业凝聚力的有效途径,维普资讯）

二、实训活动

◎ 内容

内部公众沟通的技巧。

◎ 目的

通过实训,使学生能够了解沟通与协调的重要性,运用沟通的技巧,能够和不同内外公众进行良好的沟通。

◎ 人员

1.实训指导:任课老师。

2.实训编组:学生按 8 ~ 10 人分成若干组,每组选组长及记录员各一人。

◎ 时间

1 ~ 2 天。

◎ 步骤

1.由教师现场介绍问题。

某单位由于平时缺乏沟通,各部门都认为自己的部门最重要,其他部门应该配合自己部门的工作,部门之间矛盾重重,使得正常的工作受到了很大影响。因此,单位领导准备召开一次沟通协调会,加强了解,消除矛盾。请模拟召开一次沟通协调会。

2.每个小组扮演不同的部门提出问题,要求其他部门给本部门配合。

【任务回顾】

通过对本章的学习,使我们掌握了内部公共关系分类,把握内部公众对象的特点及处理艺术,理解企业文化是促进企业的发展,帮助企业获取更多的发展机会的重要意义。

【名词速查】

1. 企业文化

企业文化是企业在长期的实践活动中所形成的并且为企业成员普遍认可和遵循的具有本企业特色的价值观念、团体意识、工作作风、行为规范和思维方式的总和。

2.股东

股东是股份制公司的出资人或叫投资人。股东有权参与公司的决策,分享公司的利益,同时也要分担公司的责任和经营风险。

3.团队精神

所谓团队精神,就是大局意识、协作精神和服务精神的集中体现。团队精神的基础是尊重个人的兴趣和成就,核心是协同合作,最高境界是全体成员的向心力、凝聚力,反映的是个体利益和整体利益的统一,并进而保证组织的高效率运转。

【任务检查】

一、判断题

1.企业内部公共关系就是企业与员工的关系。　　　　　　　　　　　(　　)

2.员工与股东在利益分配上有着不可调和的矛盾。　　　　　　　　(　　)

3.企业文化是对企业规章制度的一种补充,具有不可替代的作用。　(　　)

二、思考题

1.组织如何处理员工关系?

2.企业文化在企业发展中的现实意义。

3.处理股东关系的措施有哪些?

4.团队精神的内涵是什么?

任务3
企业外部公共关系

任务目标

通过课堂教学、案例分析等多种形式,使学生掌握企业外部公共关系的内容,认识顾客关系的重要性,以及学会处理顾客关系的技巧,掌握如何同新闻媒介打交道的策略以及如何处理好同各级政府部门的关系。

学时建议

知识性学习4课时。

案例学习讨论4课时。

现场观察学习2课时(业余自主学习)。

【导学语】

组织外部公众有哪些？它们对组织的生存和发展是那么重要吗？

顾客、中间商、媒介、政府、社区、金融机构……

"民可载舟，亦可覆舟""众怒难犯""众爱事成"，内外部公众一样重要！

案例导入

请看发生在上海的一个真实的故事

上海某医院为了开展癌症的放射治疗，引进一台医用加速器。消息不胫而走，各地的癌症患者纷纷前来就医。医院暗自庆幸，自己的举措得到了社会的认可，前景必将看好。然而就在此时，他们没有料到的一场抗议运动爆发了。

当时，正值日本电视剧《血疑》在上海电视台播放，风靡一时，其主要剧情是表现一个不幸受高能射线辐射而致癌的美丽姑娘凄婉缠绵的爱情故事。深深被剧情打动的上海居民忽然发现，在自己身边竟然就有高能射线存在。于是住在医院附近的居民纷纷怀疑自己是否受医用加速器所产生的高能射线的影响，各类抗议信雪片似的飞向院长办公室、区防疫站、区人大代表和市政府。政府机构开始过问此事。医院作了解释，对高能力射线是有严格防护措施的，对人体不会造成伤害。但人们并不相信医院的解释，抗议之声丝毫不见减少。鉴于这种情况，医院决定打破这种神秘感，让人们对医院增加了解。请各界代表参观机房，检验测试结果，请医生讲解治疗仪器的工作原理和对癌症的治疗作用，说明这是减少患者痛苦、促进康复的有力手段。召开居民代表座谈会，公布测试结果，让人们了解其安全性。居民提出晚上10点后家中电视图像不清，怀疑是高能射线影响，经检查原因在其电视本身和天线有问题，况且，晚间10点后也不使用治疗仪，所以说，射线根本不影响电视的清晰度。做了上述工作之后，医院和居民关系融洽了。

（资料来源：段文杰. 公共关系实例与运作[M]. 北京：高等教育出版社，2003.）

想一想:

如果没有组织与外部公众的及时沟通,医院因势利导消除误会,医院的生存和发展将会受到极大影响。

【学一学】

企业外部公共关系,是企业与其外部各类相关公众的关系的总称。与内部公众相比,外部公众具有广泛性、复杂性和不可控性等特点。根据企业自身发展的需要,在处理外部公共关系时,更需要统观全局,善于应付各种复杂局面,稍有不慎就会错失良机或遭受重大损失。

由于外部公众范围很广,不同企业的外部公众差异较大,因此不可能一一列举,在这里,我们将就企业比较常见的、重要的一些外部公众对象作简单介绍。

3.1 顾客关系

3.1.1 顾客的定义

顾客又称消费者,是指购买、使用或可能接受任何单位、个人提供的产品或服务的个人、团体或组织。这里所说的产品,包括生产资料,也包括生活资料和精神产品(如科研成果、文化产品等)。顾客关系即企业与本企业产品和服务的购买者、消费者之间的关系。

3.1.2 顾客的特点

1)利益性

消费者公众是组织外部公共关系中最重要的一类公众,是组织利益关系最直接、最明显的公众,假如报纸、杂志没有读者,那么,这些报纸、杂志就没有存在的价值。组织利润和目标能否实现,直接取决于它是否抓住了消费者所追求的利益点,取决于它对消费者关系的处理。

2)复杂性

消费者公众是社会组织最为广泛的一类公众。这种广泛性,也决定了处理消费者关系的复杂性。一家大型的百货商场,每年接待的顾客可能达到几百万人次,至于使用某一工厂产品的顾客,接受某一企业服务的顾客,则可能达到数亿人。面对如此众多的和不同需求的外部公众,作为企业首先要考虑他们的利益和要求。

3) 直接性

消费者公众是与组织关系最为密切的一类外部公众。组织与消费者之间的销售与购买、服务与被服务,通常都表现为一种直接的人与人之间的交往,消费者与组织员工的接触,对组织产品(服务)的使用,都使其与组织发生直接的联系,形成对组织的直接认识。

3.1.3 处理顾客关系的措施

一切服从顾客的利益和要求,这是许多企业组织的成功经验。企业可采取以下方法处理与顾客的关系,以争取顾客的理解、支持和信任。

1) 树立"顾客至上"的观念

顾客是企业的财富,良好的顾客关系带来的是源源不断的顾客群。首先,要以优质产品吸引顾客。优质产品是维系与顾客关系的关键因素。其次,要尽心尽力搞好优质服务。再次,以企业的实际行动赢得消费者的信赖。例如,美国的凯特皮公司在其广告中说:凡是买了我们产品的人,不管在世界上哪一个地方,需要更换零配件,我们保证在 48 小时之内送到你们手中,如果送不到,我们的产品就白送给你们。他们说到做到,有时候为了送出一个只有 50 美元的零件,不惜动用直升机,有时实在无法按时把零件送到就真的分文不收。

小案例

IBM 意味着服务

美国商用机器公司(IBM)是由三家小公司发展成的一家庞大的国际公司,IBM 经营的基本理念是"IBM 意味着服务"。它清楚准确地阐明了 IBM 要为用户提供最佳服务的信念。服务是 IBM 取得良好信誉的关键:为了保持这种优良的服务信誉,IBM 制定了选择销售员和为客户服务的工程师的标准,并且还需严格挑选、培训后方可上岗。IBM 公司不仅为用户改装 IBM 设备,还能做到:不论在世界哪个地方,IBM 维修人员保证 24 小时之内到达出现故障的设备前。

IBM 的口号是"一切为了用户,人人参与"。

IBM 与用户打交道,不仅单纯推销产品,而且还要了解用户的问题和需要,由专家向用户咨询,最后拿出一个使用户满意的方案,IBM 反对以各种形式向用户提供过分昂贵的产品或使用户不满意的方案,即使用户提出要购买某种产品,但 IBM 经调查确认这些产品不适合用户的需要,也会冒着丧失生意的危险向用户提出建议,劝其购买更实用的产品。IBM认为:这样才能提高公司的信誉,促进产品的销售。

案例评析:

IBM的服务实例为企业树立了产品服务的典范。通过本实例认识到员工树立公共关系意识、服务第一意识的必要,把用户(顾客)真正视为"上帝"。

(资料来源:寇玉琴.现代公共关系学[M].上海:立信会计出版社,2008.)

想一想:

1. IBM为什么要冒着丧失客户的危险劝说用户购买更实用的产品,对企业的长远利益有好处吗?

2. 目前我们许多企业热衷于搞广告战、回扣战、倾销战、新闻战等,它们忽视的最基本的东西是什么?

2)加强与消费者的沟通交流

一方面,组织要注意搜集、整理有关市场的信息资料,了解消费者对商品性能、种类、包装、质量、价格的评价和顾客对服务态度、服务项目、服务水平的满意程度,有助于组织作出正确的决策,有助于组织与顾客之间相互理解,有助于组织改进产品和服务,从而赢得顾客的信任。另一方面,组织应借助各种直接(如拜访消费者、消费者开放日等)和间接(如公关广告、出版消费者刊物等)沟通手段,让消费者了解组织,强化与消费者的情感联络。

3)及时妥善地处理顾客投诉

组织在复杂的社会环境中生存和发展,受到顾客投诉属于正常现象,关键在于如何处理顾客投诉。因此,组织要通过畅通投诉渠道、诚恳倾听消费者意见和及时解决问题等措施,及时处理好消费者的投诉。这是建立良好消费者关系的一个重要保证。

小案例

美国通用电气公司、可口可乐公司和英国航空公司,每年都会投资数百万美元努力把顾客的抱怨处理好。它们的经营诀窍之一,就是当遇到顾客不满意时,即使做不到对他们有求必应,也要尽量向他们充分地解释,使之释然于胸。其具体做法是:设立800号码的免费电话系统,进行严格的员工培训,遵守慷慨退款的原则。这样一来,公司的批评者就会转为忠实的支持者。如今,"平息怒气,和气生财"已经成为国外企业协调顾客关系的最主要手段之一。

3.2 中间商关系

3.2.1 中间商定义

中间商是指那些将购入的产品再销售或租赁,以获取利润的厂商,如批发商和零售商。中间商可以按照不同的标准进行分类:按照中间商是否拥有商品所有权,可将其划分为经销商和代理商;按照销售方式的不同,中间商分为批发商和零售商。

中间商不仅是企业产品的重要销售者,而且是企业与消费者之间的重要中介。由于它们比企业更接近顾客,因此常常被视为企业形象的体现者。企业与中间商之间有着紧密的物质利益联系,这是它们建立良好关系的基础。

中间商是联结生产与消费的桥梁,还表现在它们渠道广、信息灵,能及时将市场的动向、消费者的反应等信息反馈到生产企业,使企业可以根据市场需求的变化、消费者的需求等重新协调和组织生产,在市场上保持旺盛的竞争力。

3.2.2 处理中间商关系的措施

1)提高企业产品的竞争力

中间商是联系生产与消费的纽带和桥梁,任何企业组织生产出来的商品必须销售出去,换回货币,购买所需的生产资料,才能保证再生产的顺利进行,而这一流程必须借助中间商来完成。因此,要提高企业的吸引力,首先提高企业产品的知名度,提高产品在市场上的竞争力,才能保持双方稳定合作,共同发展。

2)发挥中间商桥梁作用

利用中间商的媒介作用,建立横向经济联合,沟通最终产品的生产厂与原材料、半成品生产厂家的供应链关系。

3)为中间商提供便利和服务

包括技术服务、销售服务、售后服务等。

3.3 新闻媒介关系

3.3.1 新闻媒介关系的重要性

新闻传播媒介是以传递新闻信息为主要特征的信息传播工具,报纸、杂志、广播、电视是新闻界最主要的实体。新闻媒介是组织与社会公众联系的最主要渠道，也是组织最敏感、最重要的公众之一。

对于公共关系人员而言，新闻界公众是具有双重人格的特殊公众，它既是公关人员赖以实现公关目标的重要媒介，又是公关人员必须尽力去争取的重要公众。新闻媒介有着传递信息迅速、影响力大、威望度高，可以左右社会舆论，影响和引导民意，对社会的经济、政治局势的变化具有不容忽视的作用。因此，新闻媒介在欧美被看作立法、司法、行政三大权力之后的"第四权力"，甚至被称为"无冕之王"。任何组织和个人都不敢轻视新闻媒介这一重要舆论工具，所谓"得之者锦上添花，失之者名誉扫地"。新闻媒介对于组织的发展具有举足轻重的作用。

3.3.2　处理新闻媒介关系的措施

1）组织要重视

组织要安排熟悉新闻界和新闻业务的人员专人负责，制定一套完整的媒体关系策略。它包括怎样同媒体接触、怎样接受媒体采访、怎样向媒体提供书面材料等，力求对外宣传的一致性。

2）提高组织的透明度

新闻媒介充当着公众的卫士，他们常常利用手中的宣传、舆论的力量维护着公众的利益；企业应主动、及时地向新闻媒介提供组织的信息，创造机会展示自己，借此扩大组织的影响，提高组织知名度，使媒介真正成为组织的"对外发言人"或"企业军师"。

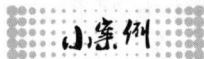

小案例

10万美元寻找主人

某公司宣传其新型保险柜的卓越功能，登出一则这样的广告：

"10万美元寻找主人！本公司展厅保险柜里存放有10万美元，在不弄响警报器的前提下，各路豪杰可用任何手段拿出享用！"

广告一出，轰动全城。前往一试身手的人形形色色：有工人、学生、工程师、警察和侦探，甚至还有不露声色的小偷，但都没有人能够得手。各大报纸连续几天都为此事作免费报道，影响极大。这家公司的保险柜的声誉随之大增。

案例评析：

"制造新闻"是组织争取新闻宣传机会的一种技巧。组织通过策划，举办具有新闻价值的事件或活动,吸引新闻界和公众的注意力,制造新闻热点,争取被报道的机会,以达到提高知名度,扩大社会影响的目的。此案例中,这家公司就策划了"10万美元寻找主人"这一具有新闻价值的事件,达到了自己的公关目的,取得了极好的广告效果,增强了公众的信任感。"制造新闻"的关键是"新",跟在别人后面,就会失去新闻价值,公众不会产生新鲜感,也就失去兴趣。

（资料来源:缪启军.公共关系实务[M].上海:立信会计出版社,2008.）

3）建立与新闻界的友好关系

经常组织讨论会、晚会、舞会、联欢会等联谊活动,促进与新闻界的了解,增进友谊,为相互间的合作奠定良好的基础。在组织发生重大新闻事件时,特别是出现危机情况时,借力传媒转"危"为"机",而不能把新闻媒介纯粹看成是宣传企业的工具,而拒绝采访和报道不利于本组织的消息。媒介能以公正、客观的立场采访和报道组织的消息,把事实真相如实地反映出来,争取社会公众的谅解与支持,从而把组织的声誉损失减少到最低限度,否则就是轻视新闻媒介的社会地位,是得不到他们的合作与支持的。

小案例

王老吉夏枯草风波追溯

因1亿元地震捐款而享有极高美誉度的加多宝正陷入了"夏枯草"食品安全风波。仅仅几天前,王老吉获得"2008年度全国罐装饮料市场销量第一名",这个由国家统计局中国行业企业信息发布的权威信息。

博客风波。这场风波始于一个自称品牌营销策划人叶征潮所撰写的新浪博客。叶在博客中称,因饮用王老吉而引起胃溃疡,其主治医生认为,胃溃疡与其经常喝王老吉有关系。叶认为王老吉包装和广告误导消费者,称将起诉王老吉。随后,喝王老吉引发胃病的文字被大量转载,并引发大量讨论。

5月12日下午,广州本地20多家媒体应邀参加广州食品协会举办的新闻发布会。在这份近千字的新闻通稿中,协会以非物质文化遗产保护单位的身份承述了三点意见:其一,王老吉凉茶饮料是严格按照国家有关规定组织生产与经营,根本不存在添加物违规问题;其二,饮用王老吉凉茶饮料因含有夏枯草造成胃溃疡病伤害是不可能出现的事实;其三,王老吉履行发展凉茶产业的责任,其配方与术语作为国家级非物质文化遗产、广东食文化遗产、粤港澳食文化遗产必须进行全力保护。他们还援引了2005年4月25日发文《关于普通食品添加夏枯草有关问题的请示》批复同意将王老吉凉茶在卫生部备案。

5月14日,卫生部在官方网站上声明。该声明表示,按照《食品卫生法》规定:食品不得加入药物,但是按照传统既是食品又是药品的作为原料、调料或者营养强化剂加入的除外。王老吉凉茶是依据《食品卫生法》和《禁止食品加药卫生管理办法》的有关规定,依法备案和销售的产品。随之王老吉夏枯草风波烟消云散。

（资料来源:http://www. tech-food. com 2009-5-16 8:44:27 中国食品科技网）

想一想:

面对社会公众对产品质量的质疑,担心王老吉是不是下一个"三鹿",如果回避遮掩,企业将会面临什么样的境况?

3.4 社区关系

3.4.1 社区关系概念

社区是一个社会学概念,即人们共同生活的一定区域,如村落、城镇和街道等。社区关系是指组织与自己所在地域内的居民、其他社会群体和社会组织之间的关系。例如,组织与当地的居民、工厂、学校、机关、医院和商店的关系等。在社区中,与组织发生直接与间接联系的社会组织十分广泛,一位公共关系专家讲:公共关系是这样一种管理能力,它建立并维护一个组织和决定其成败的各类公众之间的互利互惠关系。

3.4.2 社区公众的重要性

社区是组织生存和发展最重要的外部环境。国外有的公共关系专家曾说过:社区既可以使组织得到最有价值、最有影响的声誉,也可能使组织遭到危害性最大的指责。它可以使组织由此获得各种优惠和特权,也可能让组织受到多方面的限制。处理好社区关系的目的,就是争取得到社区公众的爱戴、合作和支持,为组织的生存和发展营造良好的社会环境。

社区公众的重要性表现在以下方面:

1) 社区为组织提供职工来源

任何一个组织的正常运转,都必须有足够的、高水平的内部成员。现代企业之间的竞争主要是人才的竞争,如果组织与社区公众的关系良好,社区公众就愿意到该组织就业,这样口碑相传,能极大提高组织在社区公众的形象。

2）社区为组织提供社会服务

组织的正常运转除了自身必须具备人力、财力等条件外,还需要各种社会服务系统(如水电供应、道路交通、邮政通信、治安保卫等)的支持。在组织运转所需要的各种服务中,有相当部分依赖于社区提供。

3）社区为员工提供生活条件

大多数组织的内部员工生活在社区内,他们不可避免地要同社区的商店、学校、幼儿园和医院等单位打交道,如果组织与这些相关单位的关系密切,能得到大力支持,就能解决员工后顾之忧,稳定员工的队伍。

3.4.3 处理社区关系的措施

1）为社区创造一个良好的生态环境

组织作为社区的一员,应该自觉地保护环境,有效地控制"三废",防止社区的空气、水源、土地受到污染,除此之外,组织还应进一步帮助社区美化环境,创造舒适怡人的休闲场所,修桥筑路,改善社区交通等,这些活动必将受到社区的欢迎。

小案例

一个夜总会建立在居民区,引起了居民极大的反感,先是保安的操练、电动车的存放,妨碍了居民的出入,后因噪音、污水等问题,居民联名向有关部门反映,最终迫使夜总会搬迁。

案例评析:

组织开展社区公共关系活动,绝不能看成额外的负担,从长远来看,处理和调节好同社区的关系,是一种战略性的投资,最终将为组织的发展带来丰厚的回报。

2）举办社区公益活动

组织可以多种形式来创办和支持各种公益事业和公益活动,如集资、捐款兴建教育、医疗、体育、卫生、福利等设施,赞助某项文化、体育娱乐活动,参加社区各种义务劳动等。作为组织的公关部门,应该结合本组织的实际情况,积极参与,争取用最少的投资获得最大的效应。韩国三星公司是个运作社区的高手,早在1994年,三星就成立了专门的社团关系项目办公室,致力于通过实际行动支持和参与解决当地的问题,每年,三星为公益活动的支出都高达数千万甚至上亿美元,而在自己营造出来的良好社区关系中,三星公司也得到了快速发展。

3)努力为社区服务

组织应尽力为社区提供就业机会,帮助社区消化待业人员,增加社区和谐亲善的气氛,减少不安定因素。组织还可设立一些专门的治安保卫组织,如消防队、救护队等,协助和配合社区处理一些突发性的灾难事故,为社区救死扶伤,排忧解难。美国的底特律市作为一座工业大城,尤其福特、通用、克莱斯特等汽车大厂,皆与当地学校有着良好的合作关系,除了每年都提供大量的赞助给学校外,给学生工作实习的机会非常多,又能提供很多工作岗位缓解就业压力,也就轻松赢得了当地人的认可和接受。

4)加强同社区的情感交流

组织要培养同社区公众的良好感情,必须通过一些有效的方式进行沟通,以便及时了解社区的意见和态度,并使组织的意见迅速准确地传播出去。如放映电影、举办音乐会、舞会以及体育活动等,通过丰富社区的文化生活,扩大组织在社区的影响。

小案例

美国俄亥俄州某陶瓷厂,一夜之间被大火吞没,该厂没有买任何保险,看来似乎注定要从俄亥俄州永远消失了。然而,就在失火的第二天清晨,竟出现了颇为壮观的场面:工厂的员工、镇上的家庭主妇、茶馆酒店的老板、小商贩以及教堂的牧师,都不约而同地聚集到废墟上,清扫残砖碎瓦。在短短的几个月里,大家有钱的出钱,有力的出力,竟在废墟上重新建立起一座3万平方米的新厂房,陶瓷厂很快就恢复了生产。

案例评析:

这家陶瓷厂为什么有这么好的"人缘"呢?其中的原因就在于该厂长期重视与社区公众的关系,俗话说"远亲不如近邻"。可见,良好的社区关系对组织的生存发展有着非同寻常的意义。

(资料来源:谢红霞.公关实训[M].大连:东北财经大学出版社,2008.)

3.5　其他公共关系

3.5.1　同业关系

1)同行不再是冤家

同业公众是指具有同样业务职能的其他社会组织。它们生产类似的产品,面对类似的公众,处理相同的问题。自古以来,人们始终奉行着"同行是冤家"这一信条,常常把同行视若仇敌,水火不容。同行业的社会组织,在商品经济发达的社会中,必然会产生相互争取有益于本组织生存发展环境的矛盾,形成优胜劣汰的竞争者关系,而在今天,一种新型的、共赢关系越来越受到现代社会的赞同。

2)处理同业公众关系的艺术

(1)变对手关系为伙伴关系

对手并不等于是敌手。从总的趋势上讲,竞争肯定是优胜劣汰,但是在竞争的过程中,同业公众之间真诚合作、共谋发展,却能成倍地提高双方的效益。

(2)公平竞争

经济的发展需要竞争,没有竞争就没有活力。然而,竞争应是质量、技术、效益上的比赛,而不是权术、诡计、手脚上的较量。竞争要讲道德,要寻找对手的长处,弥补自身的差距,任何形式的诋毁谩骂、拆台破坏都只能毁坏自己的声誉。

3.5.2　政府的关系

1)建立与政府的良好关系

充分利用各种信息传播途径和手段与政府进行双向的信息交流,以取得政府的信任、支持和合作,从而为企业建立良好的外部政策环境,促进企业的生存和发展。

2)处理政府关系的艺术

(1)与政府部门沟通信息

组织的公共关系人员应熟悉政府的法令、法规和政策,随时注意其变动和变化趋势,研究其适用范围,注意其变通性和灵活性,并提供给决策部门作参考,使之成为组织决策的依据,使组织的一切活动都保持在政策法令许可的范围内,并随时按照政策法令的变动来修改组织的政策和活动。

（2）与政府人员建立联系

处理政府关系，不仅要熟悉政府机构的内部层次、工作范围和办事程序，还要与各主管部门的工作人员增进友谊，保持良好关系。这样可以减少"踢皮球"和"公文旅行"的现象，提高办事效率。同时，在某个环节发生障碍时，能及时发现问题并设法予以疏通。

（3）提升组织在政府部门中的信誉和影响

要赢得政府的支持，就要争取政府有关部门领导人对本组织的重视。这就需要把握一切有利时机，扩大本组织在政府部门中的信誉和影响，使政府了解组织对社会、对国家的贡献和成就，得到政府的支持，获得融资渠道，组织还可通过新闻媒介向社会公众介绍组织的情况，借社会舆论来影响政府部门的决策。

此外，组织还可以同社会知名人士、社会团体的领袖、专家、学者等保持密切联系，让他们了解并理解本组织，通过他们的力量争取政府部门的支持。

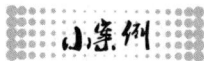

小案例

白兰地与美国总统寿辰

20世纪50年代法国白兰地公司为了把自己的产品白兰地酒打入美国市场，经周密策划，决定借助法美人民的情谊，在美国总统艾森豪威尔67岁寿辰时献礼。为此，白兰地公司通过不同媒体向美国公众宣布："法国人民为了表达对美国总统的友好感情，特选赠两桶极为名贵的、酿造已达67年之久的白兰地酒作为贺礼。总统寿辰之日，将举行隆重的赠酒仪式，身穿宫廷侍卫服饰的法国人将名酒抬入白宫，献给总统。"两桶白兰地运抵华盛顿的当天，机场到白宫沿途挤满了数十万的观众，盛况空前，国内所有报刊对赠酒仪式的报道几乎覆盖了头版所有的版面。就这样，白兰地酒在轰动的气氛中，挤掉了所有竞争对手，昂首阔步地走上了美国的国宴和市民的餐桌上。由此看出，经营中的创意首先必须有十分明确而又端正的指导思想，经营的是货真价实的而不是假冒伪劣之类的东西。白兰地酒早就以其品质优良饮誉世界各地，整个经营活动是高品位的、健康的，与各自民族的习惯、情感、风尚相适应，而不是掺杂欺哄骗诈，伤风败俗等与现实格格不入的内容和形式。白兰地公司以法美两国人民的感情向美国总统生日贺礼，组织起体现民族特色的经营活动，实属高尚纯正，值得称道。

其次，善于捕捉有利时机。经营如打仗，时机把握不住，也可能造成全军覆灭，满盘皆输。白兰地公司很好地抓住了美国总统67岁寿辰这个有利时机，主动出击,一举获得成功。这说明,经营者要随时随地以敏锐的眼光、清晰的思路观察分析和搜寻社会各层次、各方面、上下左右的一切信息和动态,凡是有利于经营的条件和机会就紧紧抓住,绝不放松,认真筛选,付诸实施。

第三,注重细节的创新。白兰地公司之所以成功,其细节设计和处理的新颖别致也是重要的原因。如送给美国总统67岁寿辰的贺礼正好是酿造了67年的美酒白兰地;贺礼由专机运到美国,并投巨额保险费,以示公司的高度重视和真情厚谊;精心设计和筹划赠酒仪式,充分体现民族特色和民族情感……更有甚者,连装白兰地的酒桶也是法国著名艺术大师制作装饰的杰作。可见,经营活动中细节的新与奇,对经营成败关系极大。细节决定成败,做任何事情,我们都万万不可忽视细节的设计和处理。

第四,要有全新的观念。经营要有新的意境,首要的是经营者的观念必须达到新的境界,具有树标新立异之雄心,也要有立别出心裁之壮志,绝不圈于一般化、程序化的固有模式,努力提高对"新"的认识、理解、运用和创造能力,以全新的视角构思和设计经营活动,从别人没有的举动做起,像白兰地公司那样,在经营中敢于创新,刻意创新,独树一帜,独辟蹊径,不断引起轰动效应,战胜竞争对手,开拓新的市场,取得新的成功。这就是"白兰地"给我们的启示!

（资料来源:张岩松.公共关系案例精选精析[M].北京:经济管理出版社,2004.）

3.5.3　金融关系

金融关系主要是指社会组织与银行、证券公司、信托投资公司、保险公司等金融机构等之间的关系。

1)金融关系的意义

在商品社会之中,对于社会组织来说,资金情况直接决定着该组织的生存和发展。一个组织的融资能力如何,很大程度上取决于组织与金融机构是否存在良好的关系,同时,金融机构作为一种特殊的企业,从自身利益出发,也希望与信誉好、实力强的社会组织建立良好的银企关系。组织与金融机构之间建立相互了解和信任的关系,是组织不断扩大资金来源、创造良好的融资环境和渠道、实现组织持续发展的有效保证。

2)协调金融关系的内容和方法

根据不同的协调客体,组织在协调金融关系的时候可以采用以下不同的方法:

（1）相互沟通，寻找互惠互利、合作发展的契机

现代新型银企关系的特征是：互惠互利、平等合作、双向选择、联盟发展。因此，在处理与金融机构的关系时，首先要分析本组织能够为金融机构带来什么样的利益，有哪些足以吸引金融机构主动合作的优势，找出双方合作的结合点，这才是组织处理金融关系的基础。

（2）诚信为本，全面详尽地反映组织真实的经营状况

诚信是现代银企关系的基础，没有诚信什么事情都无法做到。社会组织必须与金融机构搞好关系，就意味着组织应该主动把经营情况全面详实地反映给这些机构，银行如果不知道组织真实的经营状况，当然不会向组织发放贷款，证券公司不知道组织的真实经营情况，也不会为投资者作出有利于组织的引导，如果组织的经营状况良好，那么银行和证券公司自然会支持组织，如果组织的经营状况不好，那么金融机构也会给出合理的投资建议，使组织避免盲目投资带来的后果。

（3）休戚与共，建立组织与金融机构之间的战略联盟

组织可以通过参股、入股和发起的方式，参与商业银行以及投资公司等非银行金融机构的投资组建。组织也可以通过募股的方式，吸引金融机构的资金，从而形成战略联盟。由于组织与金融机构有着休戚与共、共进共退的利益关系，他们愿意为组织的发展出力尽责，因此，组织公共关系的目的不仅仅是将金融关系作为融资关系、财务关系来处理，更多的是与金融机构建立战略联盟，激发金融机构的参与意识，这样既深化协调了组织与金融机构的联系，也可通过他们促进组织对外公共关系的发展，达到协调的目的。

3.5.4　涉外关系

涉外关系即对外关系，相对国内组织之间的关系更为复杂，经贸现状又是涉外关系的晴雨表。随着经济化全球的趋势，国内许多企业纷纷将眼光投向了海外，国际贸易也因此愈来愈频繁。交往中，各国的利益相互交织，相互依存，对外双方合作才能求生存，合作才能求发展，敌对不是上策，双赢成了一种最好的外交理念。遵守国际准则，理解对方的想法，清楚双方文化的差别，不仅会使合作轻松、愉快，而且关系着事业的成功或失败。

【做一做】

一、经典案例阅读

"世界第一张丝绸报纸的诞生"与媒介传播

1.背景介绍

杭州凯地丝绸股份公司1993年成立,是由国家、企业职工和外商共同持股的综合型丝绸出口集团。如今凯地丝绸已经成为国际市场的名牌,深受海外客户的欢迎。这还要从媒介传播说起。当时该公司作为商业大潮中的新生儿,要扩大其社会知名度,生产的丝绸报纸,就需要独具创意的公关宣传和媒介来报道,以塑造企业整体形象,渗透消费者心理,这无疑是最快捷有效之策,同时,中国革命历史博物馆得知世界首版丝绸报纸诞生,也要求收藏还要求展出。

2.调研

以丝绸为材料印刷报纸属新闻界和印刷史上创举,具有高度的新闻价值和保存价值。

3.目标

以有限的公关宣传费,巧妙借助丝绸报纸这一独特载体,赢得媒介和公众热切注视。

4.公关策划创意

杭州国际公关公司为其策划:以丝绸为材料印制浙江省内独家旅游服务报《江南游报》,并向中国丝绸博物馆、中国革命历史博物馆赠送世界首创的丝绸报纸。

5.实施与执行

《江南游报》丝绸版共印刷100份。1993年6月15日,杭州国际公关公司在北京为该公司举行了向中国革命历史博物馆赠送丝绸报纸仪式。行家评价:阅读和观赏效果极佳,反映了当代先进的真丝印花科技水平。

6.评估

世界首创丝绸报被国内20余家报纸、电视台集中报道达30余次,海内外受众人数达2 500万人次。丝绸报宣传活动,既证实了中国高超的印丝术,也树立了该公司形象,从此开创了丝绸报纸的先河。

试运用新闻媒介传播这一特殊公众的载体,评点此案例。

不该发生的事情

某律师在消费当地一家颇有影响的食品企业所生产的食品时,发现产品存在严重的质量问题。于是,他与企业进行了交涉,企业接待人员同意研究后给其一个答复,但此后便没了下文,无奈,律师将有质量问题的食品拿到当地一家颇有影响到的报社,将情况反映给记者,该报社遂派记者到企业进行现场采访,记者们在企业拍摄到了许多违反国家食品生产规定的现场画面,企业领导发现后强行索要记者所拍资料,不成后,将记者扣留,在当地公安人员的解救下,记者们在被困1个多小时后得以安全返回。事后,该报以系列报道的形式将消费者反映的有关该企业的问题,以及记者在企业中所拍摄的材料、经历公诸于众,企业经营一时陷入困境。

想一想:

该企业经营陷入困境的原因是什么?如果你是该企业的负责人,你如何处理此事?

二、实训活动

技能实训

◎ 目的

了解内、外部公共关系主要有哪些方面,掌握内、外部公共关系处理技能。

◎ 内容

根据布置的主题进行讨论并完成总结报告。

◎ 要求

根据你对所在学校情况的了解,分析内、外部公共关系主要有哪些方面。讨论你所在学校存在的问题和不足,试联系情况深入分析。如果你觉得你的想法很有见地,可试着以合理的方式交给学校相关部门作为参考。试分析处理好学校内、外部公共关系,应从哪些方面入手及其主要方法。

【任务回顾】

通过对本章的学习,使我们掌握了外部公共关系分类,把握外部公众对象的特点及处理艺术,理解组织外部公共关系工作的目的就是妥善处理组织与外部公众之间的关系,加强组织与社会各界的交往与联系,谋求支持与合作。处理好外部公众的关系问题,实质上就是理顺与周边公众关系,创造有利于组织发展的良好的外部条件。

【名词速查】

1. 顾客关系

顾客关系即企业与本企业产品和服务的购买者、消费者之间的关系。

2. 社区关系

社区关系是指组织与自己所在地域内的居民、其他社会群体和社会组织之间的关系。

3. 同业公众

同业公众是指同具有同样业务职能的其他社会组织。

【任务检查】

一、单选题

1. 企业组织公共关系对象中利益关系最直接、最明显的外部公众是(　　)。

    A. 社区公众　　　　B. 顾客公众　　　　C. 媒体公众　　　　D. 政府公众

2. 下列关系中,传播性最强、公关操作意义最大的关系是(　　)。

    A. 金融关系　　　　B. 顾客关系　　　　C. 媒体关系　　　　D. 社区关系

3. 社区公众是指(　　)。

    A. 所有内部公众　　　　　　　　B. 所有外部公众

    C. 整个社会公众　　　　　　　　D. 组织所在地的区域关系对象

二、判断题

1. 顾客是企业的重要资产,也是企业利润的来源。　　　　　　　　(　　)

2. 成功的企业就是外部公共关系搞得好。　　　　　　　　　　　　(　　)

3. 企业应主动及时向新闻媒体提供组织信息。　　　　　　　　　　(　　)

4. 只要和政府处理好关系,一切问题就能迎刃而解。　　　　　　　(　　)

三、思考题

1. 组织为什么要搞好社区关系? 如何处理好社区关系?

2. 在公共关系中,组织怎样才能处理好与政府的关系?

任务 4
企业形象战略——导入 CIS

任务目标

通过课堂教学、案例分析和实践训练等形式,使学生明确企业形象塑造的重要性,了解企业形象战略——CIS 导入的含义以及 CIS 的构成要素,初步掌握 CIS 设计和应用的技巧。

学时建议

知识性学习 4 课时。

案例学习讨论 2 课时。

现场观察学习 4 课时(业余自主学习)。

【导学语】

什么是CIS? 为什么企业要导入CIS?

请同学们跟我一起看下面这个案例

案例导入

太阳神集团导入 CIS

太阳神集团是我国首开导入 CIS 风气之先的企业。太阳神集团原名广东省东莞黄岗保健饮料厂,原产品品牌叫万事达,20 世纪 80 年代产值仅 520 万元。1988 年在总经理怀汉新先生的倡导下导入 CIS,将企业名称更改为太阳神集团,并设计了公司的徽示,以鲜红的圆形作为太阳的象征,代表健康、向上的经营宗旨,表达了光明、希望、温暖的企业理念;下面黑色的三角形,整体位置向上,象征 APOLLO(希腊神话中主宰光明的保护神),又像人字的造型,从而传达了企业充满生机、蒸蒸日上的精神和以人为中心的理念。随后耗资 80 万元人民币在沙漠拍摄的企业形象广告,以"我们的爱天长地久"为主题,孔武、壮硕的男人形象及雄浑、粗犷的男高音与天地浑然合一的画面,既给人一种心灵的震撼,又让人能接受太阳神集团的一片爱心。太阳神导入 CIS 以后,经营业绩扶摇直上,1990 年产值上升到 4 000 万元,1991 年攀升到 8 亿元,1992 年达 12 亿元。太阳神集团的发展和扩张,是从导入 CIS 开始的,也可以说企业形象策划的成功推动了太阳神集团的飞速发展。

(资料来源:叶万春,等.企业形象策划——CIS 导入[M].大连:东北财经大学出版社,2005.)

看完这个案例,请大家跟我一起来学习。

【学一学】

公共关系最根本任务是塑造企业形象。CIS 是塑造企业形象并能为企业带来巨大财富的一种战略,是一种借助改变企业形象,注入新鲜感,使企业更能引起外

界注意,争取别人的认可,进而提高业绩的经营技法。CIS 战略包括 3 个部分:
(1)理念识别;(2)行为识别;(3)视觉识别。这三者之间各有其特定的内容,相互
联系,共同作用,缺一不可。

4.1　CIS 导入

4.1.1　CIS 的含义

企业形象策划简称 CI 或 CIS。CIS 是 corporate identity system 的缩写,意思是
企业形象识别系统。CIS 的主要含义是将企业文化与经营理念统一设计,利用整
体表达体系(尤其是企业视觉表达系统)传达给企业内部与公众,使其对企业产生
一致的认同感,以形成良好的企业形象,最终促进企业产品和服务的销售。

CIS 是一种现代企业经营战略,它塑造的是企业的整体形象。包括企业经营
目标、社会地位、内部管理等在内的总体形象设计。企业的这种总体形象的设计就
在于实现企业的自我认识和企业向社会的自我介绍,以营造最好的经营环境,并以
此作为长期争夺市场的战略武器。

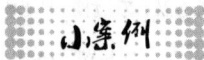

小案例

麦当劳 QSCV

麦当劳:当今饮食业的大亨。它运用现代化管理手段,塑造了麦当劳企业优
良、鲜明的企业形象。麦当劳理论(经营信条)是:高品质的产品(quality)、快捷微
笑的服务(service)、清洁优雅的环境(cleaness)、物有所值(value)。

(资料来源:杨明刚.营销策划创意与案例解读[M].上海:上海人民出版社,2008.)

4.1.2　CIS 导入

自 20 世纪 50 年代以来,市场营销活动中的竞争逐渐由产品力、促销力的竞争
发展到形象力的竞争,发达国家的企业纷纷通过塑造全新的企业形象来增大竞争
的砝码。到了 20 世纪 70 年代,世界从西方到东方卷入了导入 CIS 的世纪潮,我国
企业也于 90 年代由南到北开始了导入 CIS 行动,企业形象策划也应运而生,并伴
随着 CIS 潮在世界传播。

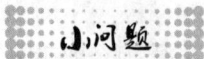

小问题

1.为什么世界各国的企业都先后导入 CIS?

2. 导入 CIS 有什么意义?

CIS 是指企业有意识、有计划地将自己企业或品牌特征向公众展示,使公众对某一企业或品牌有一个标准化、差异化、美观化的印象和认识,以便更好地识别,达到提升企业的经济效益和社会效益。

CIS 的意义:对内,企业可通过 CIS 设计对其办公系统、生产系统、管理系统以及营销、包装、广告等宣传形象形成规范设计和统一管理,由此调动企业每个职员的积极性和归属感、认同感,使各职能部门能各行其职,有效合作。对外,通过一体化的符号形式来形成企业的独特形象,便于公众辨认、认同企业形象,促进企业产品或服务的推广。

小案例

海尔集团的企业形象策划

在中国乃至海外都享有盛誉的海尔集团,根据其发展阶段确立了"真诚到永远""为您着想"的理念,围绕这一理念,他们最初砸烂了不合格的产品,开发了受农民欢迎的能洗土豆的洗衣机等新产品,对产品进行了 ISO 9000 质量体系认证和 ISO 14000 环保认证,并使海尔总裁登上了哈佛大学和欧洲商学院的讲台去宣讲海尔企业文化,直到打起"海尔中国造"的牌子占领德国及欧洲和美国的家电市场。海尔的形象处处体现了它的优秀企业文化,并一路伴随着海尔成长、扩展而焕发出夺目的光辉。

(资料来源:叶万春,等. 企业形象策划——CIS 导入[M]. 大连:东北财经大学,2009.)

4.2　CIS 的构成要素及设计

4.2.1　CIS 的构成要素

CIS 战略包括 3 个部分:①理念识别(MI);②行为识别(BI);③视觉识别(VI)。这三者之间各有其特定的内容,相互联系,相互制约,共同作用,缺一不可(见图 4.1),三者相互作用,即是最完整的 CIS。

1)理念识别(MI)——企业的"心"

在构成 CIS 的三个因素中,MI 是 CIS 的最高决策层,是 CIS 战略的策略面,可以比作企业的"心";BI 是 CIS 的行为识别形式,是 CIS 战略的执行面,可以比作企

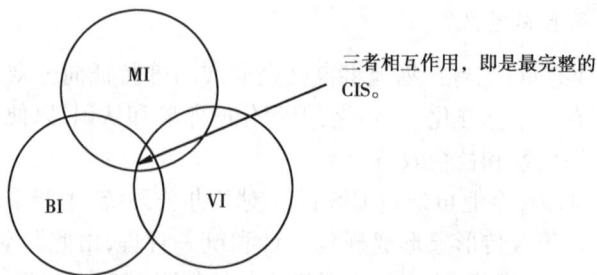

三者相互作用，即是最完整的CIS。

图4.1　CIS三要素的构成关系图

业的"手"；VI是CIS的视觉识别符号系统，是CIS战略的展开面，所以比作企业的"脸"。

理念识别是指一个企业经营理念的定位，形成企业自身独特的经营理念，以区别于其他同类企业，从而创立企业在市场上的形象。

小贴士

日本许多企业的成功，在确定企业各自的经营理念上，是非常值得我们借鉴的。日本最著名的100多家企业，都有自己独创的经营理念，下面是我们较为熟悉的一些日本著名企业的经营理念，从中可以对经营理念的定位有更进一步的了解。

东芝公司：东芝站在尊重人性的立场，创造新的价值，努力塑造富裕与健康生活环境，借此为人类社会的进步和发展而作贡献。

松下电器公司：竭诚产业人的本分，积极改善国民生活，促进世界文化发展。

本田科研公司：面向国际，为顾客着想，生产物美价廉的产品。

日本电气公司：靠电脑及通信产业的发展，促进社会的整体需要。

卡西欧计算机公司：创造与奉献。

三菱电机公司：技术与创造力。

对企业的经营理念，应该形成如下的认识：首先，它不是一句单纯的口号，而是对企业经营方针的制定、战略目标的确定、管理体制的形成和员工培训的要求，以及企业对外统一形象进行具体经营实践活动的原动力。其次，它不是企业决策层的随意想象，而是在经营者的意图、企业的经营历史、企业的各种资源和企业内部环境周密分析的基础上形成的；再次，它绝不是任何团体、任何个人在任何时间都适用的、笼统的理念，比如像"为实现××远大理想而奋斗"之类，这样的理念是无法识别的；最后，它有具体的内涵，体现在BI，VI中，如著名的松下企业以"产业报国的精神；光明正大的精神；和睦团结的精神；奋斗向上的精神；礼貌谦让的精神；顺应同化的精神；感谢报恩的精神"作为企业的形象标语及座右铭，向人们传达企业的经营理念,在松下公司的早会上,员工们都要大声朗诵,从中感受到松下企业人的使命感。

企业经营理念方针的完善与坚定,是企业识别系统即 CIS 战略的基本精神之所在,也是整个企业识别系统的原动力。通过这股内在的原动力,影响企业内部的活动和制度,以及组织的管理与教育,并扩展到对社会公益活动和消费者的参与行为规划。最后,经由组织化、系统化、统一化的视觉识别计划传达企业经营的信息,塑造企业的独特形象,达到企业识别的目的。

2)行为识别(BI)——企业的"手"

行为识别是指企业在其经营理念的指导下形成一系列经营活动,由于其在不同的经营理念下形成,因此一个企业经营活动的侧重点和具体方法上有别于其他企业。行为识别要求企业行为的各个细节,共同表达企业经营宗旨和企业文化,以形成统一的企业形象内涵,使企业内外产生共识、认可和好评。

小贴士

日本电气公司在"靠电脑及通信产业的发展,促进社会的整体需要"的经营理念指导下,把电脑和通信作为企业的战略范围;东芝公司在"努力塑造富裕与健康的生活环境"的经营理念指导下,把能源和电子作为企业的战略范围;三菱电机公司在"技术与创造力"的经营理念指导下,把科技与社会技术作为企业的战略范围,其重点是指导需要技术的市场。这些战略范围的确定,完全是经营理念的产物,对整个电气行业来说,各有侧重的战略范围形成了完整的行业规模,相互之间有竞争力又有协作,为整个行业的繁荣和参与国际竞争奠定了基础。

3)视觉识别(VI)——企业的"脸"

视觉识别是指在企业经营理念确立和企业战略范围、经营目标确定的基础上,将企业的一切可视事物进行统一的视觉识别表现和标准化、专有化,将企业形象传达给社会公众。视觉识别系统主要包括基本的设计要素和应用要素。前者有标志、标准字、标准色、专用字体、象征图案、企业标语等;后者有广告、宣传品、招牌、旗帜、赠品、包装品、产品、员工服装、建筑装潢、交通工具、办公室器具等。

图4.2　太阳神的标志

视觉识别系统中标志的设计要素与一般商标是不同的,最重要的区别是它借以传达企业理念、企业文化,而脱离了企业理念、企业文化

的符号,只能称作普通的商标而已。如国内曾经著名的企业标志"太阳神"就是传达企业理念的范例。(见图4.2)

小贴士

太阳神的标志,以圆形、三角形的几何形状为设计的基本定位。圆形是太阳的象征,代表抛洒光明、温暖、生机、希望的企业经营宗旨,以及健康、向上的商品功能;三角形的放置呈向上趋势,既是 Apollo 的首写字母(Apollo 在古希腊神话中是太阳神,是赋予万物生机、主宰光明的保护神),又象征"人"字的造型,显现出企业永恒的色彩,组成强烈的色彩反差,体现企业不甘于现状、奋力创新的整体心态。"太阳神"字体造型是根据中国象形文字的意念,以"阳"字篆书字体的"☉"为主要特征,结合英文 Apollo 的黑字体形成独具特色的"合成文字",把这种特定的艺术形象印在包装箱、招贴画、办公桌和户外广告上,可以简洁、单纯、明确地表现出企业精神、经营意识和产品属性。这就是商标、产品、企业命名"三位一体"的整体效果,突出地体现了5大优势:①高瞻远瞩地表达企业的向上精神和战略目标;②形象地体现企业及商品独特的个性与气质;③贴切地反映产品的属性和功能;④读音响亮,通俗易记,含义深刻,可以顺畅地演化为明确、优美的直观图像;⑤以高昂的格调引起种种美好的联想与追求。因此,太阳神的标志使公众既熟记了企业名称和产品,又得到了艺术享受,在公众脑海中留下了难以磨灭的印象。

4.2.2 CIS 的策划设计

1)CIS 设计步骤

CIS 设计是一个复杂的过程,需要按照一定的步骤一步步展开。

(1)企业形象调查

从事 CIS 设计的前提是对企业的形象现状充分了解,这就要进行企业形象调查。在企业形象调查的基础上确立企业形象定位,在形象定位明确的基础上判断形象战略即推行 CIS 战略的主攻方向。

(2)企业经营战略定位

这一步要讲究和确定下列问题:

①企业经营现状。

②企业近期与长远经营目标。

③企业主导产品的生命周期位置。

④企业 5P 即产品(product)、定价(price)、推销(promotion)、分销(place)和公

共关系策功(publice relation)的策略组合及其效应。

⑤企业近三年来的成就及在全国同行业中的位置与影响力。

⑥影响企业经营效益的 5 大要素分析,即社会因素、经济因素、技术因素、管理因素和企业素质。

(3)设计行为一体化的标志

①对内:企业精神、企业方针。

②对外:一句话广告式的行动纲领,设计行为守则。

(4)企业标识系统设计构思与方案设计

首先确定总体识别标志即基本要素设计,应有不同方案供选择;其次确定应用要素及服饰类因素、设计环境因素;再次设计辅助系列诸因素。

(5)方案审核及立案决策

方案审核重点审核下列 6 项内容:

①基本要素:企业名称、符号标识、商标、基本色等。

②展示物、标识物、服饰。

③环境标识系统。

④非直观要素:职工行为、作风,工作态度、工作质量及效率。

⑤方案特色。

⑥方案的可行性。

在认真审核各种要素设计方案的基础上,进行领导决策,并对决策方案进行补充与修订。在上述程序完成之后,便可着手编制 CIS 实施计划。

(6)编制 CIS 设计手册

CIS 设计手册内容可用图 4.3 加以概括。

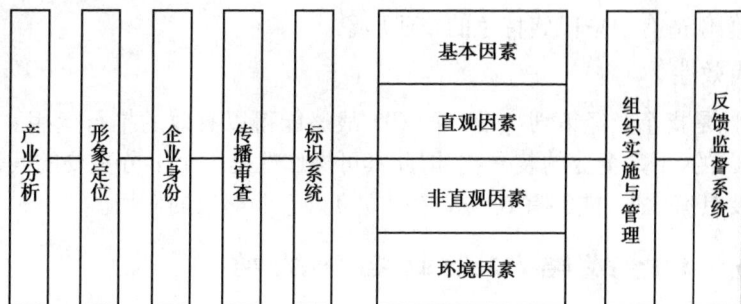

图 4.3 CIS 设计手册内容

2）CIS 策划设计的基本原则

进行 CIS 策划设计，必须把握同一性、差异性、民族性、有效性相统一的原则。

（1）同一性

同一性即是对企业识别的各种要素从企业理念到视觉要素予以标准化，采取同一的规范设计，对外传播采取同一的模式，并坚持长期一贯的运用，不轻易进行变动。

同一性原则的运用能使社会大众对特定的企业形象有一个统一完整的认识，不会因为企业形象的识别要素的不统一而产生识别上的障碍，增强了企业的传播力。

（2）差异性

企业形象为了能获得社会大众的认同，必须是个性化的、与众不同的，因此差异性的原则十分重要。

日本享誉世界的 5 大名牌电器企业：索尼、松下、东芝、三洋、日立，其企业形象均别具一格，十分个性化，有效地获得了消费大众的认同，在竞争激烈的世界家电市场上独树一帜。

（3）民族性

企业形象的塑造与传播应该依据不同的民族文化，美、日等国许多企业的崛起和成功，民族文化是其根本的驱动力。美国企业文化研究专家秋尔和肯尼迪指出："一个强大的文化几乎是美国企业持续成功的驱动力。"驰名世界的麦当劳和肯德基独具特色的企业形象，展现的就是美国生活方式的快餐文化。

塑造能跻身于世界之林的中国企业形象，必须弘扬中华民族文化的优势，灿烂的中华民族文化，是我们取之不尽、用之不竭的源泉，有许多我们值得吸收的精华，有助于我们创造有中华民族特色的企业形象。

（4）有效性

有效性是指企业经策划与设计的 CIS 战略能得以有效的推行运用。CIS 是用来解决问题的，不是企业的装扮物，因此其可操作性是一个十分重要的问题。企业CIS 策划要具有效性，能够有效地发挥树立良好企业形象的作用。

4.3 CIS 战略与企业名牌战略

4.3.1 CIS 战略

在企业建立 CIS 战略是很有必要的。从凸显企业形象的角度而言，CIS 战略是对一家企业的综合识别和确认,也是对一家企业的综合评价和估量,可以保证企业立于市场竞争的制高点,是一个有效的竞争策略。

在当今信息时代,不管是企业的传播沟通,还是企业的形象推销,进行CIS战略都是必然的发展趋势,它可以推进我们的企业与国际市场接轨,接受新一轮的市场竞争和加强企业凝聚力,成为凝聚合力的起点。

小案例

佳和集团的企业识别系统

佳和集团是一家多元化、跨国性的企业集团。佳和集团导入CIS工程的历程:1994年5月为了有效推动CIS业务,成立CIS筹备小组;1994年7月委托"联文设计"负责集团之CIS设计工作;1994年12月集团英文名称正式命名为"CHIA HEIR GROUP",其中CHIA代表"佳",HEIR英文原意代表传承。整体来说代表集团历史悠久、重视人力培育,以诚信、公平、合情、合理的理念与精神,创造佳绩、永续经营、生生不息地发展;1998年10月企业识别系统正式对外发表。

佳和集团企业识别标志以英文名称C,H为构图基础,结合双手、地球及眼睛的造型,传达佳和集团携手团结、前瞻发展的国际形象。C,H两字母为佳和集团英文名"CHIA HEIR GROUP"的简称,CHIA代表"佳";HEIR为传承之意,代表佳和集团历史悠久,重视人才的培育传承,也代表以诚信、公平、合情、合理的理念与精神,不断地创造佳绩,永续经营,生生不息发展,C,H线条表现出来犹如有力的双手,护住中央象征经营核心的圆形,代表各关系公司携手合作,同心协力,为共同的事业理想奋斗。厚实的双手环抱中央地球的圆形,也代表拥有人才与资金,资源丰沛,基础稳固,迈向多元化、国际化发展,成为世界性的跨国企业集团。双C线条左右对称,有互动、前进的动感;中心的圆象征圆融、圆满,两者结合,传达企业的朝气、活力与热力,代表以亲切、圆融、圆满的服务,与客户和谐互动,共同进步成长。整体构图并呈现"太极",万物之源,无限繁衍的意象。H也代表harmony,honest,象征诚信经营,客户关系和谐融洽,组织一片祥和。以地球为中心的眼睛造型,代表经营触角灵活、敏锐、前瞻,以放眼国际的襟怀,积极进行投资,事业体系日益壮大,深入全球市场。企业标志色彩为红色与橘色,中央红色也代表太阳及能源,两旁对称的橘色,则代表散发的光芒与热力,整体色彩象征佳和集团凝聚热能,散发温暖,关怀社会,开创温馨美好的明日远景。

（资料来源:朱权.公共关系基础与实务[M].北京:机械工业出版社,2008.）

4.3.2　品牌战略

品牌战略是指企业通过品牌形象的塑造,提高企业产品竞争力的战略。品牌战略也叫名牌战略,就是企业通过创立市场名牌,提高产品和企业的知名度,靠名牌来开拓市场,增大市场份额,提高产品的市场占有率。品牌战略包括产品质量战略、技术开发战略、经营规模战略、品牌设计与广告策划战略、市场营销战略、人才战略等诸多方面的综合性部署。

我国企业要实施品牌战略,就必须要以品牌意识作为企业文化的核心;以品牌思想作为企业经营管理的指导思想;以品牌产品作为企业的后盾和支撑;以品牌企业作为企业的形象认知;并最终以品牌效应来实现企业的迅猛发展。

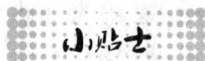

小贴士

品牌报告卡

世界上最强的品牌都有 10 个属性,如何用它们衡量你的品牌?

● 品牌善于向消费者传递他们最渴望的利益。你是否不懈地强调将消费者的产品和服务最大化?

● 品牌保留相关性。你的品牌与顾客的口味、现在的市场条件和趋势之间保持联系吗?

● 定价战略建立在消费者可认知价值的基础上。你是否以最优化的价格、成本和质量来满足或超出顾客的期望?

● 准确地定位品牌。你建立了与竞争者相似的必要的竞争点了吗?你建立了顾客想要得到并且可以被传递的差异点了吗?

● 品牌是持续的。你可以确定你的营销战略今后不会传递冲突性信息,并且至今它们也没有传递吗?

● 品牌投资组合和品牌"金字塔"才是有意义的。公司的品牌能否为组合中的所有品牌创造一把"无缝伞"?你是否拥有一座被良好贯彻、理解的"品牌金字塔"?

● 品牌应利用和协调所有营销活动以建立权益。当你确保品牌形象保持连贯性的时候,有没有利用每种沟通渠道的特殊优势?

● 品牌经营,理解品牌对消费者意味着什么。你知道消费者对于你的品牌喜欢还是不喜欢?你为目标顾客提供了详细的以调查为基础的描述吗?

● 品牌得到正确、持续的支持。在营销计划改变前,不管成败与否,人们是否充分理解了它的含义?品牌是否得到了足够的研发支持?

● 公司监督品牌权益的来源。你是否申请了品牌许可,以便更好地定义品牌的意义和权益以及怎样执行? 为监督和维持品牌权益,你分配清楚责任了吗?

小问题

我们已经接触到企业营销过程中的一个非常关键的问题——品牌战略。想一想,我国企业的品牌观念有问题吗? 你认为我国企业应该怎样实施品牌战略?

【做一做】

一、经典案例阅读

江山制药:关心人类的健康与未来

1. 导入背景

江苏江山制药有限公司是由江山香港控股有限公司、江苏汇鸿国际集团医药保健品进出口有限公司共同合资兴建的大型医药保健品制造企业。公司创办于1990 年,注册资本 2 606 万美元,投资总额 4 980 万美元。主要从事维生素 C 及其系列产品、成药、保健品的生产和销售,其中维生素 C 生产能力居世界前列,是世界范围内的主要维生素 C 制造商之一。

● 企业问题:企业高速增长引起资源(特别是人才资源)贫乏,企业产品名称隶属关系不清,缺乏品牌支撑,行业竞争危机。

● 解决策略:剥离产品名称,重新更名,包装设计;强化企业文化,塑造江山人的江山墙;危机分析即危机对应策略。

● 策略回应:人才资源储备充足,企业文化对当地文化形成积极影响,顺利渡过世界性的行业竞争危机,企业稳健成长,一跃成为世界第三,中国第一的维生素 C 生产厂家。

● 江山制药委托《人民日报》诺贝广告有限公司全面导入 CIS。

2. 策划程序

提案阶段 → 调研阶段 → 开发设计阶段 → 实施管理阶段

江山制药的企业现状调查与分析:①企业外部调查;②企业内部调查。企业形象调查的具体因素:7 个方面 25 项内容。包括市场形象,外观形象,技术形象,未来形象,经营者形象,公司风气形象,综合形象。

江山制药的企业现状分析:理念分析、经营分析、企业形象分析、传播状况分析。

3. MI 策划

MI 理念识别系统包括：企业使命、经营宗旨、经营哲学、经营战略、企业价值观等。企业的理念识别系统是 CIS 策划的灵魂。江山制药 MI 主要内容如下：

- 企业精神：实干　和谐　积极进取
- 企业使命：关心人类的健康与未来
- 企业口号：超越再超越
- 企业座右铭：好的就学
- 远景目标：百年江山

以"关心人类的健康与未来"之理念，以"实干、和谐、积极进取"之精神，以"贡献于员工、股东和社会"之行动，向着建成"百年江山"的目标坚实前进。

4. BI 策划

- 江山制药的 BI 行为识别系统包括：企业对内行为与对外行为。对内行为主要指干部教育、员工培训、生活福利、工作环境、内部修缮、研究发展、环境保持等管理活动。对外行为主要指包括企业创新行为、交易行为、谈判行为、履约行为、竞争行为、服务行为、广告行为、推销行为、公关行为等。

- 江山制药凭什么办成百年企业呢？一是理想远大。江山制药始终以"关心人类健康和未来"为理念，矢志不渝地关注着人类生活质量的提高，为广大消费者提供更多更好的健康产品。二是制度立企。人是靠制度来推动的，制度好，人就有积极性；人有积极性，生产力就发展。这是创办"百年江山"的根本保证。三是坚持创新。办企业如逆水行舟，不进则退。一个企业，如果缺乏创新精神，不去开拓进取，就会被激烈的市场竞争所淘汰。江山人不懈追求技术创新、制度创新和管理创新。

- 企业歌：我们是"江山"人。
- 企业要素：企业名称、品牌标志、江山文化墙。
- 产品策略——提出"永远的维生素 C"的保健概念，让消费者了解维生素 C 的功效。
- 质量策略——致力于人类健康事业，为顾客提供优质安全产品；持续改进产品质量，永恒追求顾客满意；产品出厂执行高于中国、美国、英国药典的内控质量标准，出厂优级品率 100%，顾客满意率 ≥70%。
- 品牌策略——将品牌形象定位于：关注下一代，关注成长的点滴。
- 促销策略——提出"牛奶和维生素 C 是健康两大基本要素"，利用人们已经建立的对牛奶的信任感和对其部分品牌的忠实度扩大"艾兰得"品牌的影响，如图 4.4 所示。

图4.4　艾兰得的产品包装

5. VI 策划

江山制药的 VI 视觉识别系统包括:基本要素——企业名称、品牌标志、标准字体、标准印刷字体、标准色、象征图案、企业歌曲、精神标语及口号、标志和企业标准字组合系统及其使用规范、标准字与企业形象象征图案的组合系统及使用规范等;应用要素——产品设计、招牌、旗帜、标志牌、包装设计、办公事务用品、业务用品、室内环境与设备、陈列展示等。

江山制药:企业名称、企业标志、企业标准等;简洁鲜明,富有感染力,以及设计江山制药 CIS 手册,如图4.5 所示。

图4.5　江山制药的标志

(资料来源:杨明刚.市场营销100个案与点析[M].2版.上海:华东理工大学出版社,2004.)

案例评析:

20世纪90年代江苏江山制药有限公司委托《人民日报》诺贝广告有限公司全面导入 CIS。这个案例的特点是:

诺贝公司为该公司全面导入 CIS 策划设计,从公司理念、定位,到产品命名、定位,营销策划,江山主题歌,江山文化墙,产品形象与品牌形象设计等。

诺贝公司为该企业进行的市场定位:维生素 C 生产能力居世界前列;以"关心人类的健康与未来"之理念,以"实干、和谐、积极进取"之精神,以"贡献于员工、股东和社会"之行动,向着建成"百年江山"的目标坚实前进。

导入效果:江山制药入选中国最大的500家外商投资企业、中国百家高新技术企业;江山制药进入全国医药企业销售50强、利润总额10强之列、位居化学药品原料制造行业第七名;获得十佳外商投资企业、十强出口企业、十大纳税企业称号;获得社会责任国际组织(SAI)授权颁发的 SA8000 证书,成为中国医药行业第二家、泰州市第一家通过此项认证的企业。

江山制药旗下的"蓝桶牌"维生素 C 荣获"江苏省名牌产品"称号;"三旗牌"维生素 C 获"江苏省名牌产品"称号;维生素 C、维生素 C 钙盐获"江苏省高新技术产品"称号;"艾兰得"牌荣获江苏省著名商标;"艾兰得"维生素 C 荣获江苏省名牌产品;"艾兰得"维生素 C、维生素 C 颗粒被认定为省高新技术产品;入选中国最具价值行业十大诚信品牌;"艾兰得"商标被认定为"中国驰名商标"。

二、实训活动

1. 案例测试

请你仔细阅读"江山制药案例",回答 CIS 策划与设计中的相关问题。

①江山制药的企业精神、企业使命、企业口号、企业座右铭、远景目标是什么?

②江山制药凭什么办成百年企业呢?

2. 案例思考

请你思考一下,在你的中专学习期间,如何策划你的形象? 把你的想法写下来。

【任务回顾】

公共关系的最根本任务是塑造企业形象,以便使企业拥有更多的无形资产。优良的企业形象是企业追求的目标,而 CIS 则是塑造并建立企业形象的手段。CIS 的构成要素主要由理念识别(MI)、行为识别(BI)和视觉识别(VI)3 部分组成。其中 MI 是企业的思想和灵魂,是 CIS 战略的核心。CIS 设计是一个复杂的过程,需要按照一定的步骤一步步展开。第一步:企业形象调查。第二步:企业经营战略定位。第三步:设计行为一体化的标志。第四步:企业标识系统设计构思与方案设计。第五步:方案审核及立案决策。第六步:编制 CIS 设计手册。进行 CIS 策划设计,必须把握同一性、差异性、民族性、有效性相统一的原则。学习和掌握 CIS 战略不仅会大大提高企业的形象,同时还会为企业带来活力,为企业带来内部与外部多方面的显著效益。

【名词速查】

1. CIS 含义

企业形象策划简称 CI 或 CIS。CIS 是 corporate identity system 的缩写,意思是企业形象识别系统。CIS 的主要含义是将企业文化与经营理念统一设计,利用整体表达体系(尤其是企业视觉表达系统)传达给企业内部与公众,使其对企业产生一致的认同感,以形成良好的企业形象,最终促进企业产品和服务的销售。

2. 理念识别

理念识别是指一个企业经营理念的定位,形成企业自身独特的经营理念,以区别于其他同类企业,从而创立企业在市场上的形象。

3. 行为识别

行为识别是指企业在其经营理念的指导下形成一系列行为活动,由于其在不同的经营理念下形成,所以一个企业经营活动的侧重点和具体方法上有别于其他企业。

4. 视觉识别

视觉识别是指在企业经营理念确立和企业战略范围、经营目标确定的基础上,将企业的一切可视事物进行统一的视觉识别表现和标准化、专有化,将企业形象传达给社会公众。

【任务检查】

1. 模拟演练

编制 MI,BI,VI 策划书或设计方案

目的:熟悉企业形象策划内容,掌握理念识别系统(MI)、行为识别系统(BI)和视觉识别系统(VI)的原理与应用。

组织:根据某公司样本分组,任课教师调控整个实训过程。如某企业形象调整时,主要根据他们的实际需要项目(MI,BI,VI)某一部分进行策划或设计。

要求:由小组组织企业形象调研,针对样本,收集市场信息,确定所策划内容。根据调研结论,针对企业形象的 MI,BI,VI 现状提出改进方案。即为某公司编制一

份 CIS 策划方案或设计 MI,BI,VI 某一部分。

2. 提升计划

请参考下面的表格,设计你自己对某一任务知识点、技能点的提升计划。

知识技能提升计划表

步　骤	内　容	时间安排	计划目标	检测标准
1				
2				
3				

任务 5
公共关系传播实施技巧

任务目标

通过课堂教学、案例分析和实践训练等形式，使学生掌握公共关系传播的基本技巧，学会工作和生活中基本的交际方法，能根据不同对象在不同场合清楚流利地表情达意。

学时建议

知识性学习 10 课时。

案例学习讨论 2 课时。

实践训练 6 课时。

【导学语】

公共关系的技巧有哪些？
如何实施？

请看下面的案例。

案例导入

美国航空公司为给未来的顾客——青年人留下一个良好的形象,每年都举办音乐大赛,提供优胜者奖金,并辅助高中学校的音乐教育。每年5月,该公司在纽约市卡内基纪念馆举办音乐大赛的颁奖典礼,并邀请世界著名的首席指挥为受奖人指挥。此外,还将音乐大赛的门票收入作为高中学校基金。这项活动在全美影响很大,由此更加深了美国航空公司在青年人心目中的"光辉形象"。

案例评析:

美国航空公司将企业良好的形象信息先发制人地渗透给未来的消费者,是一个成功的公关案例。

(资料来源:http://wenku.baidu.com)

【学一学】

公共关系传播既是一门科学,也是一门艺术,传播效果优劣与传播技巧有直接的关系。公关人员在传播活动中必须掌握传播的一般规律和技巧,努力营造一个良好的舆论环境和公众环境。

5.1 公共关系广告

5.1.1 公共关系广告的含义及作用

小问题

公共关系广告和商品广告有什么区别呢？

1) 公共关系广告的含义

公共关系广告是指社会组织为了在公众心目中树立良好的组织形象,扩大组织的知名度,提高美誉度,从而赢得公众信任和合作而进行的广告宣传性工作。公共关系广告集公共关系的特点与广告的特点于一身,形成了一种特殊的广告形式。

我们日常生活中见得最多的是商品广告,这是一种宣传某种具体商品或服务以促进销售的广告。尽管公关广告和商品广告都是广告,但它们实际上是有区别的。

2) 公关广告与商品广告的区别

(1) 目的不同

商品广告的直接目的是设法让社会公众了解某种商品或某项服务,刺激公众的购买需求,从而达到扩大销售与服务。如"喝汇源果汁,走健康之路"。公关广告是社会组织为了争取社会公众对组织的注意,内容往往涉及产品之外的各种与组织形象相关的信息,如本组织的目标、宗旨、成就、经营或服务的方向等。对于这两者的区别,人们形象地说:商品广告是要公众买我,公关广告是要公众爱我。例如:海尔的公关广告"真诚到永远",仅仅5个字,就将企业与公众的距离拉近了,使公众对企业产生了信赖和好感。

(2) 表达方式不同

商品广告注重引导人们的购买行为,往往是直接列举商品的性能、用途、特点等,商业味浓;公关广告则较为含蓄,商业味淡。它借企业特征来宣传爱心,诚心和责任心。如红塔集团的"山高人为峰"它有两层含义。一层意思从是消费者的角度来讲的,即红塔山这个品牌发展得再好,企业的消费者始终是至高无上的,企业一定要服务好。红塔山发展得再大,消费者是企业的上帝。如果从企业的角度来讲,这句口号就代表着一种攀登、向上、积极进取、永不满足的精神,山再高,都是以人为本的。

(3) 广告主体不同

商品广告的主体是企业,而公关广告的主体不仅仅是企业,还可以是非盈利组织如政府部门、民间团体等。如某环保公益广告"地球是我家,绿化靠大家"。

3)公关广告的作用

(1)塑造形象

公共关系广告,其直接目的是树立企业或组织机构的良好的社会形象。通过宣传企业精神、企业文化,宣传组织的服务宗旨和对公众的态度,以使公众加深对社会组织的了解和认识,更加支持理解社会组织的行为,提高公众对社会组织的信任度。

(2)协调关系

公共关系广告中的问候、致礼广告可以消除公众心中的一些积怨,而致歉广告则通过说明事实真相,讲明善后措施而赢得公众的谅解。通过公关广告可使企业与公众之间,协作单位之间的疑虑和心理障碍得到消除,以增强信任感,形成新的合力。

(3)优化环境

通过公共关系广告活动,对外可以树立良好形象,吸引社会各界投资和更多的消费者,处理好各项业务关系;对内使员工了解企业的各项状况,互相沟通,形成一股凝聚力,员工具有归属感,为社会组织献心献力,融洽社会组织与员工的关系,有利于社会组织的稳定发展,还能吸引人才。

5.1.2 公关广告的类型

1)观念广告

观念广告是通过提倡或灌输某种观念和意见,试图引导或转变公众的看法,影响公众的态度和行为的一种广告。观念广告可以是宣传组织的宗旨或者是某项政策,也可以是传播各种有益于社会公益事业或福利事业的活动,显示其社会责任感、良好的社会风范等。

小案例

美国一家公司用一个报纸的整版篇幅刊登公共关系广告,以"我们公司的骄傲"为广告的标题,详尽地将该公司所拥有的高级科研和技术人员姓名、专业、职称及有关的重大科研成果项目刊载出来。

案例评析:

这则广告让公众产生了这是一个人才济济、实力雄厚的公司感觉,同时也体现了公司重视人才的良好社会形象。

(资料来源:《现代公共关系实务教程》,科学出版社出版)

2）响应广告

响应广告是指企业为响应社会或其他企事业单位的号召，强调企业与社会生活各方面的关联性和公共性，支持公益事业的发展，以求社会各界公众的理解与支持而进行的广告活动。

小案例

台湾的一则公益型公共关系广告《新格小家电母亲节》，以"母亲的伟大及母亲的爱——世上最伟大的爱"为主题，将广告画面分为上半版和下半版。上半版是包括泰戈尔、林肯、孙中山在内的世界24位伟人的照片，广告语是"在妈妈心中，他们只是孩子"；下半版是神态各异、天真可爱的24位婴儿的照片，广告语是"在妈妈的心中，他们都是伟人"。

案例评析：

这则借助母亲节之际策划的公益型公共关系广告，以执著的母爱唤起人类对母亲的敬重，从而使人们由此而产生对做此广告的新格小家电的美好感情。

（资料来源：http://zhidao.baidu.com）

3）创意广告

创意广告是企业以自身的名义率先发起某种社会活动，或提倡某种有意义的新观念的广告。比如中央电视台制作播出的"广而告之"节目，就在几十秒钟的时间内或抨击某种不顾社会公德的现象，或褒扬某一有益于社会的行动、观念。

4）形象广告

形象广告是企业向公众展示企业实力、社会责任感和使命感的广告，通过同消费者和广告受众进行深层的交流，增强企业的知名度和美誉度，产生对企业及其产品的信赖感，专为树立企业形象而进行的广告，目的在于增进社会各界对企业的了解和支持。

小案例

中国举办亚运会之时，某公司为亚运会捐赠了该公司生产的产品。中央电视台在"经济半小时"节目中报道了这项有意义的活动，并给予了较高的评价。该公司抓住这一时机，巧妙地利用了电视台节目中给予的良好评价，将这段节目制作成广告，在当地电视台反复播放。

案例评析：

这则广告通过展示公司的社会责任心，有效地提高了该公司的知名度和在公众心目中的良好形象。

（资料来源：《现代公共关系实务教程》，科学出版社出版）

5.1.3 公关广告的设计制作原则

公共关系广告宣传的主题内容可以不同，所追求的公关目标也可以不同，但公共关系广告应遵循的原则有以下几点。

1）实事求是

组织要通过公关广告获得更多的社会公众的信赖，树立良好的形象，应真实地、客观地进行公关广告的设计、编写与制作。

2）独具风格

即应在特定的公关主题下形成组织或企业自己独特的风格，以加深社会公众对本组织或企业的印象。

3）富于创新

公关广告在具体内容、分析角度、运用手法、写作技巧等方面应新颖别致，富于创新意识，给社会公众耳目一新的感觉。

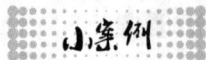

小案例

"格力空调"公关广告（报纸）

标题：能干，不一定出声。

画面：一只芦花鸡生蛋后的"咕咕"的报功神态。

正文：母鸡才下一个蛋，就咕咕叫个不停，吵得左邻右舍不得安宁。真正能干的，总是在表现出非凡创造力的同时，保持冷静的心态。格力的优良品质有目共睹，却从不大声夸耀，一直是静静地工作。格力空调以一贯的创造精神做到制冷快、噪音小。格力为您想得更周到，专心为您营造一个舒适宁静的环境。

案例评析：

这则极富创意的公共关系广告用对比说明突出了格力空调"能干，不一定出声"的优秀品质。格力的成功不仅仅在于其本身良好的质量，更重要的在于此广告赋予格力一种人人钦佩的品格。

（资料来源：中国公关网 http://www.chinapr.com.cn）

4）追求时效

公关广告的时机选择得当,可以收到事半功倍的效果。如在广播电视的"黄金时段"播发公关广告,则可扩大其传播范围,增强其影响程度,收到比较好的传播效果。

5）避免商业痕迹

公关广告必须避免与商业广告雷同,应体现出公关活动的特点,主要任务是从社会公众利益的角度出发,树立组织或企业的形象,以便给组织或企业发展带来长期的社会效益。

5.2 公共关系谈判

小案例

哥哥和弟弟为一块苹果馅饼的分配而发生了争执,两个人都坚持要分一块大的,谁也不同意平均分配。但是,谁也提不出一个双方都能接受的分配方法。这时,他们的父亲给他们提了一个建议,由一个人先来切馅饼,他愿意怎么切就怎么切,而另一个人则可以先挑自己想要的那一块。兄弟俩觉得这个建议很公正,于是同意照此办法将馅饼分了。哥俩都觉得自己得到了公平的待遇,而且解决了馅饼分配问题。

（资料来源：中国公关网 http://www.chinapr.com.cn）

这是个著名的谈判实例,那么,到底什么是谈判呢?

谈判是当事人各方就共同关心的问题,通过相互磋商、洽谈来消除分歧,寻求共识和达成协议的过程。谈判是生活中不可缺少的活动,每天我们都要多次与人谈判,我们在扮演着各种各样的谈判者,大到国际政治舞台,小到人与人之间平常生活中的讨价还价,如到菜市场买菜,到商店买服装,都是一种谈判。

就公共关系谈判而言,作为协调组织与公众间的关系及行为,消除彼此间的纠纷和误解的一种方法,它对改善组织与公众间的关系,保持与各类公众的良好关系,树立良好的组织形象,实现各自的利益,起着相当重要的作用。图5.1即为公关谈判的现场。

5.2.1　公共关系谈判的类型

谈判的类型繁多,根据不同的标准,可把谈判划分成不同的类型。

①按谈判的内容分,可以分为:政治谈判;经济谈判;文化谈判;军事谈判。

②按谈判的形式分,可以分为:两个方面一个问题的谈判;两个方面多个问题的谈判;多个方面多个问题的谈判。

③从谈判的要求看:可以分为:正式和非正式谈判;公开和秘密谈判。

图 5.1　公关谈判现场

任何一次具体的谈判都是内容和形式的辩证统一,所以,同一内容的谈判可以采取不同的形式,不同内容的谈判也可以采用同一个形式。这完全取决于谈判双方的协商。

5.2.2　公共关系谈判的过程

从谈判的过程来看,公关谈判通常分为 6 个阶段:导入阶段、试探阶段、明示阶段、交锋阶段、妥协阶段和协议阶段。

1)导入阶段——营造良好谈判氛围,促使谈判顺利进行

这个阶段主要是让谈判各方通过介绍相互认识,彼此熟悉,以创造一个有利于谈判的良好氛围。同时,通过前期的接触,找到各方关注的焦点,各自都做好相应的准备。

2)试探阶段——简要介绍我方意图,认真观察对方反应

这一阶段是谈判各方第一次正式的会谈,谈判各方应简要亮出自己的基本想法、意图和目的,以求为对方所了解。一般来说,谈判各方此时都较为谨慎,也不会出示关键的资料,只是利用这段时间摸底。

3)明示阶段——明确双方谈判分歧,寻找彼此共同需求

谈判各方此时会根据前一阶段谈判各方表述的意见,尤其是双方意见存在分歧的地方,进一步明确各自的利益、立场和观点。

4)交锋阶段——各自表明自身立场,争取达到最高目标

谈判各方都会尽力争取自己所需的利益,自然这就会有矛盾,而矛盾的激化就会导致对立状态的出现。这时,谈判双方相互交锋,彼此争论,讨价还价,各方列举

事实和数据,希望对方了解并接受自己的条件。

5)妥协阶段——兼顾对方利益,寻找折中方案

交锋结束后,各方便会相互让步,寻求一致,达成妥协。妥协是谈判不可缺少的组成部分,交锋阶段不可能无休止。只要谈判双方有共同利益,想达成协议,他们就一定会妥协。当然,妥协是有一定范围和限度的,妥协的原则就是既不放弃自己的立场和利益,又兼顾对方的利益。

6)协议阶段——促成意见一致,达成最终协议

在这一阶段,谈判各方经过交锋和妥协,求同存异,基本或一定程度上达到各自的目的,于是便拍板同意,各自在协议书上签字,谈判宣告结束。

5.2.3 谈判技巧

公共关系人员掌握谈判的技巧,才能更好地进行公共关系谈判,树立自身形象,提高组织的美誉度。在谈判中,要明确谈判的目的是为了满足双方的实质利益,所以在谈判的策略上要积极、灵活、富于变化,无论采取什么办法,只要能使双方达到实质性满意,就是一个成功的谈判手段。

1)知己知彼

知己知彼是谈判准备阶段的重要内容。谈判之前应详尽地了解自己和对方的优势和不足、意图和需求等。谈判的组织者应设法确立对自己有利的谈判内容、时间、地点、人选和方式等,制定谈判纲领。了解对方谈判者是哪一种类型的人,包括过去和现在的兴趣、知识追求,以及对某些问题研究的程度等,从而进一步确定你的对手在谈判中将会采取什么样的态度。

小链接

英国哲学家弗朗西斯·培根在他写的《谈判论》中指出:"与人谋事,则需知其习性,以引导之;明其目的,以劝诱之;谙其弱点,以威吓之;察其优势,以钳制之。"培根此言对于谈判至今仍有裨益。

2)语言针对性强

在公关谈判中,双方各自的语言都是表达自己的愿望和要求的,因此谈判语言的针对性要强,做到有的放矢。例如:对脾气急躁、性格直爽的谈判对手,运用短明

快的语言可能受欢迎;对慢条斯理的对手,则采用春风细雨般的倾心谈话可能效果会更好。在谈判过程中,谈判者要善于倾听,并做到"耳到、眼到、心到、脑到"综合地听,从而去发现对方言谈举止背后隐喻的动机和需要,充分考虑谈判对手的性格、情绪、习惯、文化以及需求状况的差异,恰当地使用针对性的语言,巧妙地发问或回答对方的问题。

3)表达方式婉转

谈判中应当尽量使用委婉语言,这样易于被对方接受。比如,在否决对方要求时,可以这样说:"您说的有一定道理,但实际情况稍微有些出入。"然后再不露痕迹地提出自己的观点。这样做既不会损害对方的面子,又可以对方心平气和地认真倾听自己的意见。

4)灵活应变

谈判形势的变化是难以预料的,往往会遇到一些意想不到的尴尬事情,要求谈判者具有灵活的语言应变能力,与应急手段相联系,巧妙地摆脱困境。不要把时间和精力耗费在无意义的分歧或争论中。

5)恰当地使用体态语言

公关谈判中,谈判者的姿势、手势、眼神、表情等态势语言,往往会在谈判过程中发挥重要的作用。例如含蓄的笑容会缓解会场紧张的气氛,强有力的手势会加重语气的力度等。谈判人员要学会使用各种仪态来调节谈判,还要注意通过仪态获取信息,观察对方的仪态举止可以捕捉其思路,如脸红、不安、强作姿态等说明对方情绪紧张。

小链接

两位同学在图书馆里看书,一位因为空气沉闷,想打开窗子,一位因为噪音太大要关上窗子,结果双方为了窗子的开关,开的大小问题展开激烈争论。一位要开,一位要关;一位要开一条缝,一位又要开一半。没有一种解决的方案,使对方满足。

如果你是图书馆管理员,你会采取什么方法能让双方都满足?

5.3 公共关系中的人际交往

小案例

乔·吉拉德向一位顾客推销汽车,谈判交易的过程比较顺利,当客户正要付款时,另一位推销员跟乔·吉拉德谈起了昨天的足球赛,乔·吉拉德一边跟这位推销员谈着足球,一边伸手去接顾客的付款。不料顾客却突然掉头而去,连车也不买了。后来乔·吉拉德才明白,客户在付款时,谈起了自己家儿子考上大学一事,而自己却和同伴谈的是球赛。在这次交易过程中,乔·吉拉德与成功失之交臂。

案例评析:

戴尔·卡耐基说:"一个企业家的成功只有15%是靠他的专业知识,而85%是靠他的人际关系与领导能力。"在公共关系活动中,人们需要掌握一些基本的交往原则和技巧,有利于人际交往。

(资料来源:http://wenku.baidu.com)

5.3.1　人际交往中的语言艺术

"良言一句三冬暖,恶语伤人六月寒。"这两句话告诉我们交往时要注意运用语言的艺术。语言艺术运用得好,就能吸引和抓住对方,从内容到形式适应对方的心理需要、知识经验、双方关系及交往场合,使交往关系密切起来,优化人际交往。运用语言艺术应注意:

1)巧选话题

只要在平时处处留心,就可以发现许多引人入胜的话题,成为良好的谈资。如天文地理、体育文艺、小说、食物、电视节目、衣着服饰以及个人的特殊经历等。

应该避免的话题有:令人不愉快的疾病;对方的隐私,如收入、财产、年龄和婚姻状况等;对方以往的过失或隐痛;对他人评头论足;个人恩怨和牢骚;自己的成就等。

2)称呼得体,熟记人名

实践证明根据对方的年龄、身份、职业等具体情况及交往的场合、双方关系的亲疏远近,选用规范、合适的称呼要比千篇一律的称呼亲切得多,效果也好得多。

熟记人名既是社交之需,也是一种能力。一位颇有造诣的心理学家曾说道,在人们的心目中,唯有自己的姓名最美好、最动听。因此,我们应尽量熟记他人的姓名。

3)注意语言表达

语言表达应准确、生动、有感染力。根据谈话的内容和场合,采取相应的语音、语调和语速。讲话要注意对象、场合、分寸,以免伤害他人的自尊心。

4）谈吐幽默

风趣幽默的语言,使人们在笑声中能够接受,能够理解,能够融洽气氛。一个说话幽默风趣的人,在和各种类型的人进行交往时,容易拉近与他人的关系。

小案例

新中国成立后不久,有一次记者招待会,周恩来介绍了我国经济建设成就和对外方针后,一位西方记者问:"请问总理先生,中国人民银行有多少资金?"对待这一含有讥笑性质的提问,周恩来镇定地回答说:"中国人民银行的资金嘛,有18元8角8分。"说到这里,周恩来故意停了下来。稍许,周恩来又解释说:"中国人民银行发行10元、5元、2元、1元、5角、2角、1角、5分、2分、1分的10种主辅货币,合计为18元8角8分。"

案例评析:

总理委婉诙谐的回答,不仅保住了国家机密,又给人以轻松、幽默不失严肃庄重的心理感受。

（资料来源:http://wenku.baidu.com）

5）学会聆听

成人教育家卡耐基说:"做个听众往往比作一个演讲者更重要。专心听他人讲话,是我们给予他的最大尊重、呵护和赞美。"在沟通时,作为听者要少讲多听,尽量表现出聆听的兴趣,力求在对方的角色上设身处地地考虑问题,对对方表示关心和理解。

6）转换话题

公关人员在与对象公众接触中,也许第一次提问并不顺利,没有引起对方的兴趣,这就需要另辟路径,寻求转机。但转移话题能否起到"山重水复疑无路,柳暗花明又一村"的效果,关键在于公关人员要从第一次接触中总结经验,作出正确的判断,弄清对方的心理、性格、文化素养等特点,寻找为对方接受、能打开缺口的话题,为原来的话题展开创造条件,铺平道路。

7）注意赞扬的语言艺术

心理学家阿拉森的试验表明:在人际交往中,人们总是倾向于喜欢那些在心理上能给自己带来快乐的人,喜欢那些同样也喜欢我们的人。交谈中若能适度地赞扬对方,就容易使对方产生亲和心理,这种亲和心理既可成为接受对方意见的起点,也可成为转变态度的开始。然而,赞扬也需讲究艺术,得体适当的赞扬才能收到预期的效果。因此,赞美应注意要真诚、具体,方式方法不但要因人而异,而且也要灵活多样。

5.3.2 人体语言的交往功能

人体语言,又称体态语,是以人的动作、表情以及服饰等为工具,来传递人体语言的信息、表达思想感情的一种伴随语言。正所谓"只可意会,不可言传",人体语言常常在不知不觉中反映出人们最真实的感受和需要。

小案例

一位美国的工程师被公司派到他们在德国收购的分公司,和一位德国工程师在一部机器上并肩作战。当这个美国工程师提出建议改善新机器时,那位德国工程师表示同意并问美国工程师自己这样做是否正确。这个美国工程师用美国的"OK"手势给以回答。那位德国工程师放下工具就走开了,并拒绝和这位美国工程师进一步交流。后来这个美国人从他的一位主管那里了解到这个手势对德国人是一种侮辱。

案例评析:

在人际交往中,我们应该学会解读、掌握和运用好人体语言,准确地表达自己的内心感情,判断他人的态度,避免产生误会,建立友好的人际关系。

(资料来源:http://www.doc88.com)

1)目光

"眼睛是心灵之窗",正确地运用目光,能恰当地表现出内心的情感。印度诗人泰戈尔说:"一旦学会了眼睛的语言,表情的变化将是无穷无尽的。"一个良好的交际形象,目光应是坦然、亲切、友善、有神的。注视的部位分为以下几种,如表5.1所示。

表5.1 注视部位种类表

名 称	注视部位	表 示	适用场合
公务注视	额头	严肃、认真、公事公办	谈判、洽谈、磋商
社交注视	眼部至唇部	礼貌、尊重	上下级之间的友好交谈、同事交往、各种联谊会、座谈会等
亲密注视	眼部至胸部	亲近、友善	关系密切的男女之间

2）笑容

笑容即人们在笑的时候的面部表情。利用笑容，可以消除彼此间陌生感，打破交际障碍，为更好沟通与交往创造有利的氛围。而微笑是其中最常见的，用途最为广泛。

微笑是一门学问，又是一门艺术。应注意：

①发自内心。笑的时候，要自然大方，显示出亲切。

②声情并茂，表现和谐。笑的时候，要使笑容与自己的举止、谈吐有很好的呼应。

③气质优雅。笑的时候，要讲究笑的适时、尽兴，更要讲究精神饱满，气质典雅。

小案例

被誉为全球旅业之冠的美国希尔顿饭店，其成功的秘诀就在于其创始人唐纳·希尔顿视微笑为企业生存发展的唯一途径，并把这个理念贯彻到每一个员工的思想和行为之中，注重企业员工礼仪的培养，通过"微笑服务"体现出希尔顿的独有魅力。而当得知希尔顿要亲自前来视察时，员工们就会立即想到希尔顿肯定会问你"今天你对客人微笑了没有？"

在经济危机严重的年代，只有他的员工始终坚持微笑待客，这给人们留下了深刻美好的印象。经济萧条过去后，希尔顿率先进入繁荣时期，跨入经营的黄金时代。

案例评析：

美国密歇根大学心理学家詹姆斯·麦克奈尔教授说："有笑容的人在管理、教导、推销上更能成功。"80多年来，希尔顿饭店生意如此之好，财富增长如此之快，其成功的秘诀就在于员工的微笑创造了一种"宾至如归"的文化氛围，使客人倍感亲切。

（资料来源：http://www.farmer.com.cn）

小链接

国外许多城市在塑造自己的形象时十分注重市民的微笑。如美国爱达荷州的波卡特洛市几年前重申，要求全体市民遵守该市40年前通过的一项法令，即市内所有人不得愁眉苦脸或拉长面孔，违者到"欢容检查站"去学习微笑，微笑成功后方可离开。该市现在自豪地称为美国的"微笑之都"，并决定每年举办一次"微笑节"。

（资料来源：丛杭青.公关礼仪[M].）

3) 手势语

得体适度的手势可增强感情的表达。

（1）手势的基本要求

诚恳亲切、自然优雅、规范适度。

（2）手势的禁忌

①用手指指点点或乱点下颌来代替手势。

②手势不宜过多，动作幅度不宜过大，不要"指手画脚"和"手舞足蹈"。

③不要将双手搂在头后，或双臂交叉抱于胸前。

图 5.2　肢体语言中的禁忌

④在他人面前做不雅或不稳重的动作。如：掏耳朵、摸脸、挠头发、玩手指、剪指甲、折衣角、抱大腿等。

5.3.3　人际交往中的心理障碍及克服

在人际交往过程中，有很多因素会成为人际交往的障碍，诸如：职务、职业障碍，年龄、性别障碍，文化、种族障碍，等等。这些障碍中，表现最为突出的是人际间的心理障碍，这些心理障碍给人际交往造成了不同程度的危害。

1) 人际交往中的心理障碍

人际交往中，我们在认知对象时，经常会出现不同的心理障碍，最常见的有第一印象、最后印象、晕轮效应、从众心理和提防心理等。

①第一印象。又叫做"首因效应"，是指在人际交往中，第一次经历的事件往往给人留下的印象特别深刻。因此，在交际活动中，公关人员要让自己的产品、环境、组织行为给交往对象留下良好的第一印象。

②最后印象。即"近因效应"，是指人们在交往中，最近的或最后的印象是最强烈、最深刻的。因此公共关系人员应该不断用新的行为和做法，用新的姿态去巩固交往对象的良好印象，改变原来的不良印象。

③光环效应。又叫做"晕轮效应""名牌效应"等，是指在人际交往中，人身上表现出的某一方面的特征，掩盖了其他特征，从而给人际认知造成障碍。它是人们在交往中"一俊遮百丑"的心理行为。当然，公共关系交往也可以利用人们的这种心理因素打好名牌效应、名人效应的牌，但不能以晕轮效应来蒙骗交往对象。

④从众心理。从众心理是指在公共交往中，人们迫于一定的社会压力，或者个人不愿意因为与众不同而感到孤立，从而放弃自己的意见，采取与大多数人一致的

行为。

⑤提防心理。这是人们在相互交往中因为害怕某种利益被剥夺，为了保护自己而产生的防备对方的心理行为。提防心理不利于交际关系的开展和深入。在社会人际交往中，公共关系人员必须用真诚、信用或事实来消除人们的这种心理。

在人际交往中，还有一些属于心理品质的因素，比如嫉妒、自卑、羞怯、猜疑等造成的心理障碍，这些心理障碍也给人际交往造成了不同程度的危害。

2）克服办法

要克服各种心理障碍，首先要求人们能充分认识人际关系的意义和重要性，对学会与人相处和协调人际关系采取积极的态度。同时加强交往技巧的培养，促使交往双方达到心理相容。具体方法有以下几方面：

①正确认识自己和他人，平等地与人交往。现实生活中的每个人都有自己的长处和短处。与人交往时应自信，培养自信要善于"解剖自己"，应该对自己的不足有所认识，并善于听从别人的劝告与帮助，发扬优点，改正缺点。俗话说，自爱才有他爱，自尊而后有他尊。

②完善性格，增强人际吸引。不断完善自己，增强自己的人际吸引因素，培养高尚的品德修养和良好的心理品质，掌握丰富的知识和锻炼自己各方面的能力，是培养交往能力，获得交往成功的前提。

③加强交往，密切关系。人与人之间空间位置上越接近，彼此交往的频率就越高，越有助于相互了解、沟通情感、密切关系。与朋友保持适度的接触频率，才能使人际传播不至于淡化甚至消失。

【做一做】

一、经典案例阅读

索赔谈判

杰克的汽车意外地被一部大卡车给整个撞毁了，幸亏他的汽车买了全保。为争取最大权益，于是他与保险公司调查员展开了以下谈判。

调查员：我们研究过当事人的案件，根据保单的条款，当事人可以得到3 300美元的赔偿。

杰克：我知道，但你是怎么算出这个数字的？

调查员：依据这部车的现有价值。

杰克:你是按照什么标准算?你知道我现在要花多少钱才能买到同样的车子吗?

调查员:多少钱?

杰克:我找一部类似的二手车价钱是 3 350 美元,加上营业与货物税后大概是 4 000 美元。

调查员:4 000 美元太多了吧!

杰克:我所要求的不是某个数目,而是公平的赔偿。你不认为我买了全保而得到足够的钱来换一部车是公平的吗?

调查员:好,我们赔你 3 500 美元,这是我们可以付的最高价。公司政策是这样规定的。

杰克:你的公司是怎么算出这个数字的?

调查员:你知道 3 500 美元是类似情况所能得到的最高数,如果你不想要的话,我就爱莫能助了!

杰克:我可以理解你受公司政策约束,但除非你能客观地说出我只能得到这个数目的理由,我想我们最好还是诉诸法律,然后再谈。

调查员:好吧。我今天在报上看到一部 1978 年的菲亚特汽车,出价是 3 400 美元。

杰克:喔,上面有没有提到行车里数?

调查员:49 000 千米,那又怎样?

杰克:我的车只跑了 25 000 千米,你认为我的车子可以多值多少钱?

调查员:让我想想……150 元。

杰克:假设 3 400 美元是合理的话,那么就是 3 550 美元了。广告上提到收音机没有?

调查员:没有。

杰克:你认为一部收音机值多少钱?

调查员:125 美元。

杰克:冷气呢?

2.5 小时以后,杰克拿到了 4 012 美元的支票。

想一想:

杰克的谈判为什么能够获胜?

（资料来源:http://www.doc88.com）

二、实训活动

训练项目一　微笑、眼神与手势

（一）微笑练习

1.播放美妙的音乐创造良好的环境氛围,引导学生照镜子练习微笑。

2.发"一""七"练习嘴角肌的运动,使嘴角露出微笑。

3.同学之间通过打招呼来练习微笑,并相互纠正。

（二）眼神练习

1.面对镜子完成各种眼神的练习。

2.同学之间相互检测对方眼神是否运用恰当。

3.结合微笑协调整体效果。

（三）手势练习

1.根据不同场合,尝试做各种手势,看看能否表达自己想要表现的感情。

2.同学之间相互检测对方手势是否运用恰当,姿态是否自然大方。

训练项目二　公关广告制作

请你结合所在学校的具体情况,为学校设计一个以电视为媒介的招生广告,反映学校的硬件设施、师资力量以及取得的成绩等。

训练项目三　公关谈判技巧

一位女士想去买衣服,通过货比三家后,她了解到这件衣服的市场价格是190元,她能接受的最高价格是190元。但她到某商场后,对方标价210元。请同学们分成小组就这个情景轮流扮演不同角色,练习采用巧妙的方法说服对方。

训练项目四　人际交往

初入校门的学生在和一些不熟悉的人交往时,可以从一般的寒暄开始,之后转入中性话题。如来自哪个学校,姓名,有哪些业余爱好等,而后再转入双方感兴趣的话题,如工作、学习、身体等,最后,即可随便交谈起来。这种交往能锻炼自己使对方开口的本领,寻找相互感兴趣话题的本领。请同学们分组扮演不同角色,练习双方如何尽快认识,并能寻找大家感兴趣的话题。

能力拓展训练

某厂家向一个公司经理推销自己生产的专利产品：防克菜篮——一种可以防止缺斤少两的菜篮，希望由该公司总经销。其他方面都没有问题，但是双方在价格问题上始终谈不拢，前三次都因价格问题而使谈判失败。第四次，厂家改变了策略，双方刚一见面，对方就说："价格不降，我们不能接受，即使再谈也没有用。"厂家马上回答说："经理先生，今天我不是来同您谈价格的，我是有一个问题要向您请教，您能花一点时间满足我的要求吗？"经理愉快地接受了。坐定后，厂家说："听说您是厂长出身，曾经挽救过两个濒临倒闭的企业。您能不能给我们一些点拨？"在对方一阵愉悦的谦逊之后，厂家接着说："我们的菜篮正如您所说，价格偏高，所以销售第一站在你们这里就受阻了。再这样下去，工厂非倒闭不可。您有经营即将倒闭的企业的经验，您能不能告诉我，如何才能降低这菜篮子的成本，达到您所要求的价格而我们又略有盈余？"

然后，厂家和经理逐项算账，从原材料型号、价格、用量，到生产工艺、劳务开支等，进行了详细核算，并对生产工艺进行了多方改进，结果价格却只是微微降了一些。当然，对经理先生所付出的劳动，厂家报以真诚的感谢，送上一个礼品表示谢意，同时表示一定接受经理的意见，在工艺上进行改进，以减少生产成本。然后，当厂家再谈到总经销价格时，对方没有任何犹豫就接受了，并说："看来这个价格的确不能再降，你们作了努力，我们试试吧。"

想一想：

请你分析在这个案例中，"防克菜篮"制造厂家使用了怎样一种谈判技巧？

【任务回顾】

公共关系广告是集公共关系的特点与广告的特点于一身的一种特殊的广告。运用公关广告，可以起到塑造组织形象、强化品牌形象、宣传组织宗旨、引导公众观念等作用。公共关系广告分为观念广告、创意广告、响应广告、形象广告。公关谈判通常分为导入阶段、试探阶段、明示阶段、交锋阶段、妥协阶段和协议阶段6个阶段。在人际交往中应充分认识人际关系的意义和重要性，灵活掌握各种语言艺术，充分发挥人体语言的功能，克服心理障碍，加强交往技巧的培养。

【名词速查】

1. 公共关系广告

公共关系广告是指社会组织为了在公众心目中树立良好的组织形象,扩大组织的知名度,提高信誉度,从而赢得公众信任和合作而进行的广告宣传性工作。

2. 谈判

谈判是当事人各方就共同关心的问题,通过相互磋商、洽谈来消除分歧,寻求共识和达成协议的过程。

【任务检查】

一、单选题

1. 谈判的6个阶段中,不包括以下哪一项?(　　　)

　　A. 导入阶段　　　　B. 交锋阶段　　　C. 开会阶段　　　D. 妥协阶段

2. 正式谈判过程中,双方为基本达成目标而确定签字的阶段称(　　　)。

　　A. 妥协阶段　　　　B. 导入阶段　　　C. 交锋阶段　　　D. 协议阶段

3. 你认为谈判的实质是什么?(　　　)

　　A. 协调双方利益　　B. 满足各自需求　　C. 维护己方利益　　D. 达到一方目的

4. 名牌效应是由以下哪个心理因素造成的?(　　　)

　　A. 第一印象　　　　B. 近因效应　　　　C. 光环效应　　　　D. 从众心理

5. 与客人交谈时,以下哪个做法是正确的?(　　　)

　　A. 为了亲热,谈话中拉拉扯扯、指指点点、拍拍打打。

　　B. 为了放松,心不在焉,左顾右盼,东张西望,老看手表。

　　C. 为了活跃气氛,随意问妇女的年龄、衣饰价格、婚否等。

　　D. 遇到冷场局面,及时换话题,想方设法谈对方感兴趣的问题。

6. 作为交谈一方的听众,下面哪一句话最入耳?(　　　)

　　A. 我说清楚了吗?　B. 你听懂没有?　C. 你听明白没有?　D. 你懂不懂呀?

二、多选题

1. 公关广告有以下类型(　　　)。

　　A. 创意广告　　　　B. 响应广告　　　C. 形象广告　　　　D. 观念广告

2. 在社会活动的各种交谈中,涉及下列哪些主题应当尽量避免谈论(　　　)。

　　A. 对方的隐私　　　　　　　　　B. 个人恩怨和牢骚

　　C. 对他人评头论足　　　　　　　D. 令人不愉快的疾病

3.公关谈判过程是( )。

  A.互惠与平等的统一   B.冲突与合作的统一

  C.让步与进攻的统一   D.吸引力与说服力的统一

4.人际交往的语言要求有( )。

  A.语言清楚   B.学会聆听   C.没话找话   D.巧选话题

5.在谈判中形体语言的缺陷性表现在( )。

  A.容易导致接受者的误解   B.容易暴露本方的真实意图

  C.不可能传递感情、感受   D.容易导致歧义性理解

三、判断题

1.观念广告是企业以自身的名义率先发起某种社会活动,或提倡某种有意义的新观念的广告。   ( )

2.谈判按形式分,分为正式和非正式谈判。   ( )

3.在谈判的试探阶段,应简要介绍我方意图,出示关键的资料,认真观察对方反应。   ( )

4.谈判是互惠的,但有时是不均等的公平。   ( )

5.在谈判中听和讲能同时进行。   ( )

四、思考题

1.搜集案例,举例说明公关广告与商品广告的区别。

2.搜集案例,举例说明公关广告的作用。

3.谈判应掌握哪些技巧?

任务 6
公共关系专题活动

任务目标

通过课堂教学、案例分析和实践训练等多种形式,使学生懂得组织庆典活动、展览会、开放参观、赞助活动、新闻发布会、宴请等活动的基本形式和要求,掌握组织和实施上述活动的基本技能。

学时建议

知识性学习 4 课时。

案例学习讨论 2 课时。

现场观察学习 2 课时(业余自主学习)。

【导 学 语】

公共关系活动内容丰富多采，形式多样。

下面就通过具体案例了解一下。

案例导入

美国一家报纸庆祝125周年的活动

那天正好是星期天，报社门口非常拥挤，可谓盛况空前。人人可以参加，不需要任何票券就可入场。不管男女老少，每一位进门都发给一只彩色气球，使现场气氛喜气热烈。

活动没有任何庆祝仪式，也没有请谁发表演讲，有的只是各种随你参加的自由活动。活动内容五花八门，从复杂的电脑游戏机到最便当的藤圈套巧克力，小客厅里在放电影，介绍这家报纸的历史与现状，形象生动，情节有趣。

报社大厅是当天的活动中心。大厅中央的大台桌上，放着一个够8 000人吃的大蛋糕。蛋糕上的巧克力、奶油、糖浆正好描绘出一个报纸的版面。细细一瞧，原来正是当天这张报纸的125周年专刊！

案例评析：

这是一次独具匠心的设计，每一位参加活动的人，都会对该报社留下深刻的印象。

（资料来源：黄荣生. 公共关系学[M]. 大连：东北财经大学出版社，2000.）

【学 一 学】

当一个社会组织自觉认识到自身公共关系状态的存在，组织就会根据自身需要，采取措施为组织创造良好的公共关系状态。这种为树立组织良好形象、创造良好的公共关系状态而采用的各种传播方式和手段,就是公关专题活动。

公共关系专题活动,能把组织与广大社会公众紧密地联系在一起,增强公众对组织的亲近感,吸引社会舆论对组织的兴趣与注意。能够形成强烈的宣传效果,是一种有效的公共关系传播形式。

6.1 庆典活动

庆典活动是组织利用自身或社会环境中的有关重大事件、纪念日、节日等所举办的各种仪式、庆祝会、签字仪式、颁奖仪式和纪念活动的总称,包括开幕典礼仪式、纪念活动和其他活动。

6.1.1 开幕典礼

小案例

第 29 届奥林匹克运动会于 2008 年 8 月 8 日在北京开幕,9 万人在现场,全球数十亿人通过电视观看开幕式。北京奥组委承诺一个盛大的开幕典礼,目前看起来已经实现。出席的 80 多位世界领导人中包括中国国家主席胡锦涛与美国总统布什。据统计,北京奥运开幕式的全球电视观众总数达到 40 亿。国际奥委会主席罗格说,他希望北京奥运会能够帮助世界进一步了解中国,中国进一步了解世界。罗格还赞扬中国于奥运之前在清理空气污染方面所作的巨大努力,并说运动员将不会受到污染危害。

案例评析:

开幕典礼是体现领导人和公共关系人员的组织能力、社交水平及组织文化素质的关键时刻,它往往会成为社会公众取舍和亲疏的重要因素。现代企业的经营者都想方设法地、合情合理地利用它。

(资料来源:中国公关网 www.chinapr.com.cn)

组织开幕庆典活动,应遵循"热烈、隆重和节约"的原则,作为组织的工作人员,应做好如下安排:

①确定活动主题,并进行适当的宣传。

②拟订出席庆典仪式的宾客名单,一般包括政府要员、社区负责人代表、同行代表、员工代表、公众代表、知名人士、社团。提前半月左右告知对方,并于 12 小时前将请柬送到出席人处。

③拟定程序,一般为:签到、宣布庆典开始,宣布来宾名单、致贺词、鸣炮剪彩或奏乐剪彩等。

④事先确定致贺词、答词的人名单,并拟好贺词、答词,贺词、答词都应言简意赅。

⑤确定关键仪式人员,如剪彩、揭牌、托牌等。

⑥安排各项接待事宜,事先确定签到、接待、剪彩、摄影、录像、扩音等有关服务礼仪人员。

⑦可在庆典活动中安排节目,如舞龙等;还可邀请来宾题词,以作为纪念。

⑧庆典结束后,可组织来宾参观本组织的设施、陈列等,增加宣传的机会。

⑨通过座谈、留言形式,广泛征求意见,并综合整理、总结经验。

6.1.2　纪念活动

纪念活动是利用社会上或本行业、本组织的具有纪念意义的日期而开展的公关活动。通过举办这样的活动,可以传播组织的经营理念、经营哲学和价值观念,使社会公众了解、熟悉进而支持本组织。因此,举办纪念活动实际上又是在做一次极好的公关广告,如图6.1所示。

图6.1　纪念活动现场

纪念活动主要有节日庆祝活动、周年纪念活动和特别日、周、月、年纪念活动。

1)节日庆祝活动

这是为节日而举行的,表示快乐或纪念的庆祝活动。节庆日是有关单位,特别是宾馆等接待服务单位开展公共关系活动的较好时机。

2)周年纪念活动

组织可借周年纪念活动宣传成就,密切与各类公众的关系,提高知名度。

组织并非每年都要搞周年纪念活动,根据中国传统,一般只逢五、十要举办周年纪念活动,如1周年、5周年、50周年、100周年等。

3)特别日、周、月纪念活动

这一般是指由国际组织或政府倡导的各种纪念日、宣传日活动,如3月5日是雷锋纪念日,3月15日是消费者权益日等。

6.2 展销会

所谓展销会,是指通过实物并辅以文字、图形或示范性的表演来展现社会组织成果,以提高组织形象、促进产品销售的专题活动。展销会有大量的公共关系内容,是各类社会组织力求塑造最佳组织形象的好机会。如中国2010年上海世博会,图6.2即为世博会中的中国馆。图6.3,图6.4即为展销会宏伟的展厅。

图 6.2　上海世博会中国馆

欢迎试坐:奥迪厂家有魄力

1996年夏天,国内外近千家厂商参展的第四届北京国际汽车展销会,气氛火爆异常。展厅里,各参展厂商公关高招迭出:法拉利跑车旁有"法拉利小姐"的狂歌劲舞和歌星签名;福特公司则让金发碧眼的姑娘,与活泼可爱的中国儿童同台演出……所有这些,都令观众耳目一新。

强中更有强中手,奥迪厂家破天荒地使出了绝招——所有奥迪展车,欢迎观众试坐。只见一个个试坐的观众乐不可支:打方向,踩刹车,点油门,俨然就是车主,实实在在地过了一把车瘾。更多的围观者则看得眼热心跳,跃跃欲试。一时间,观众对奥迪厂家的做法赞美有加,纷纷前去试坐,奥迪车展台前成了展览的新闻热点,各路记者纷至沓来,奥迪车随之声誉鹊起。

(资料来源:中国公关网 www.chinapr.com.cn)

6.2.1 展销会的特点

1)直观性

展览活动是一种非常直观、形象的传播方式。它把实物直接展现在公众面前,并有现场操作表演,给人以"亲眼目睹""眼见为实"的感受。

图6.3 展览会展厅

2)双向性

展览活动不仅可以当面向公众展示自身形象,同时还可以收集公众反馈意见,有针对性地就个别公众或某种特殊情况进行交谈,做到良性的双向沟通。

3)复合性

展览活动是一种复合性的传播方式,它通常用多种媒介进行交叉混合传播,往往以实物展出为主,配以文字宣传资料、图片、幻灯、录像、电脑等媒介,再加上动人的解说、友好的交谈、优美的音乐、生动的造型艺术,综合了多种媒介的传播优势,具有很强的吸引力。

4)高效性

展览活动可以一次展示许多行业的不同产品,也可以集中同一行业的多种品牌来展示,是一种高度集中和高效率的沟通方式,它为参观者提供了更多的机会并节省了大量的时间和费用。

图6.4 展览会大厅

5）新闻性

展销会特别是大型的展销会,是一项综合性的大型传播活动,往往成为新闻媒介的追踪对象,是新闻报道的好题材,因此,对社会公众的影响效果很大。

6.2.2　展销会的程序

严密的组织工作是举办好展销会的重要保证。展销会的组织工作,包括以下程序。

1）确定举办的必要性

社会组织在举行展销会前,要就社会影响、宣传效果、经济效益和社会效益等多方面进行充分地研究,论证举办展销会的必要性和可行性。

2）建立机构,确定人员

人员选配包括组织机构的领导、管理人员、设计与制作人员、讲解人员、接待与服务人员、后勤供给和保安人员等。

3）确定主题,明确内容

展销会的主题,即展销会的精髓、要旨和主张。只有主题确定了,内容明确了,才能使展销会更加有针对性,才能使图、文、物的展示活动的整体效果得以体现。

4）预算经费,严格管理

展销会的费用预算主要有场地租用费、规划设计费和广告宣传费等。展销会经费的使用管理,应该以预算为标准,严格执行财务纪律和管理制度,管理和使用好经费。

5）确定展览时间、地点

①确定展览时间。展览时间大多按社会组织需要而定,同时要考虑展览的主题、内容。有些展览还要充分考虑季节性,如花卉展览、农副产品展览等。

②确定展览地点。展览地点的确定,首先考虑的是方便参观者,如交通便利,易寻找到等;其次考虑会场空间大小和周围环境情况,展销会地点周围环境是否与展销会主题相得益彰;第三考虑辅助设施是否容易配备和安置等;第四考虑展销会地点的社会发展,如社会治安状况和精神文明精神情况等。

6）邀请确定参展单位

采用广告,给有可能参展的组织发邀请信,重点单位上门联系等方法吸引有关组织参展。要尽快确定参展单位、参展项目和展位需求情况。

7）确定总体布局和规划

根据展览主题要求和参加展览的具体内容,进行整体的规划和构思,确定总体设计图和各展区的展品、展板布置小样。同时精心制作好展销会的会标、主题画、海报等。准备好各种辅助宣传材料,如拍摄幻灯片和录像,说明书内容要全面、易懂,解说词要具体、精练。

8）培训工作人员

为了提高工作人员展览技能和服务意识,应对展销会的讲解员、接待员、服务员和保安人员等进行公共关系训练和专业知识培训。

9）搞好新闻发布

积极主动地邀请和接受新闻记者采访,最大限度地争取新闻媒介的正面报道,以扩大展销会的影响。

10）邀请重点嘉宾

为扩大展销会的传播效果与影响,提高展销会的地位与层次,一要邀请与展览主题相关组织的负责人、社会知名人士和专家学者等作为展销会开幕式的嘉宾;二要邀请有关新闻媒介的记者采访和报道。

11）搞好服务工作

①备好有关设施。准备纪念品、印好入场券(参观指南、展销会示意平面图)、备好售票点、设置咨询台。

②提供相关服务。如处理对外贸易业务的部门、附设产品订购的洽接室以及文书业务、邮政、检验、海关、交通运输、停车场等。

12）举行开幕式

开幕式总是聚焦点,开幕式的举办一定要隆重、热烈和喜庆。

13）观展阶段工作

①搞好接待和咨询,为参观者讲解展品,做好服务咨询工作。
②开展合作意向的洽谈活动。
③开展有关活动,丰富参观人员生活,如安排现场演示,举办相关的知识测验、竞赛和小型文艺表演,赠送奖品、纪念品等。

14）闭展阶段工作

主要有撤除展览、答谢公众、效果评估和工作总结等。

小知识

展销会期间,要周密安排好对重要来访者和特邀嘉宾的接待,要安排专人负责,设置专门的签到、留言处和咨询台。

6.3 对外开放参观

对外开放参观是指组织或企业将本组织的工作场所或工作程序对外开放,欢迎社会各界人士或有关公众代表参观考察的一种社会活动。

6.3.1 对外开放参观的内容

1）对外开放参观的目的与类型

社会组织为了让公众更好地了解自己,获得公众对其各项活动的支持,可以有计划地邀请组织的员工家属、社会公众、新闻工作者及其他对组织感兴趣的人到组织进行现场参观。

（1）对外开放参观的目的
①扩大组织的知名度,维护和扩展良好声誉;
②澄清某些事实真相,求得公众的理解;
③密切组织与公众的关系,广结良缘。
（2）开放参观活动的类型
经常性的对外开放与"开放日"的对外开放。

小链接

湖南经济电视台定期举办公众开放日,让公众参与了解节目的制作过程,安排节目主持人与观众进行面对面的交流与沟通,从而与公众建立了良好的互动关系。

2)对外开放参观的内容

对外开放参观的内容根据开放的目的以及参观者的需要与兴趣的不同主要涉及:组织的设备和工艺流程、环境、管理措施、员工素质、组织提供的服务项目与质量、福利、卫生等设施、成果展示和决策层的开拓能力等。

根据主题来安排开放参观的内容一般包括情况介绍、现场观摩和实物展览3种。情况介绍一般是事先准备好宣传小册子,发给参观的公众,也可在现场观摩时,以口头讲解的形式,结合具体场景进行介绍。现场观摩就是让公众参观工作现场,以厂房布置、厂区环境、工作流程或员工的实际工作来说明社会组织的内在面貌。实物展览是以资料、模型、样品的陈列为主,对公众作补充说明。

小知识

参观活动开展之前要确定规模的大小,从而做出相应的安排。如果只是少数几个人参观,可以陪同他们到几个部门去,并介绍情况,赠送资料和纪念品等;如果是较大规模的团体参观,最好制订一个计划,安排好接待次数、每次参观人数和开放时间等。一次接待15个人比较恰当。每天接待2~3次,有专人伴随进行讲解介绍,回答参观者所提出的问题。

6.3.2　对外开放参观的组织

组织对外开放参观,是一种很好的公关活动,但也是一项很繁杂的工作。应做好以下几方面的计划组织工作。

1)对外开放参观的时间

不但要考虑开放参观的时间,也要考虑整个参观活动所需的时间。开放参观的时间最好安排在一些特殊的日子,如周年纪念日、企业开工日、节日等。

小链接

上海电视台每逢元旦、中秋节、春节便邀请本台职工家属来电视台参观,让他们为自己亲属在这里工作而感到骄傲,使他们支持并协助本台职工的工作。

2)对外开放参观的人员安排

从有开放参观的构想起一直到活动的结束,都应有高层主管人员参与其事。

组织大型的参观活动,最好成立一个专门的活动筹备委员会。委员会成员应包括:企业领导、公关人员、行政和人事部门人员等。还要根据参观的不同目的,选择不同的人参加,如果参观的目的是强调服务或产品,还要请销售部门人员参加。

3)制作发放宣传材料

4)参观线路

提前规划好参观线路,防止参观者越过参观所限范围,出现不必要的麻烦和事故。

小链接

最好能画好参观线路,制作向导图,要标明办公室、餐厅、休息室、卫生间等的位置。

5)做好接待服务工作

对参观者应热情周到地做好接待工作,如安排合适的休息场所和备好茶水饮料,做好登记、签到、安全、休息、饮水及赠品发放等工作。如果邀请的对象有儿童,更要特别小心,要准备点心、休息场所、必要的盥洗设备等,也可送一些印有介绍组织材料的玩具或纪念品。

6)听取意见,征询意见

对外开放参观后可视情况举行代表座谈会,以征询意见及建议,并致函向参观者道谢或登报鸣谢。

6.4 赞助活动

赞助活动是组织为赢得政府、社区及相关公众的支持,创造组织生存和发展的良好环境,以不计报酬的捐赠方式,出资或出力支持某一项社会活动、某一种社会事业。并以此来证明组织的实力,表明组织社会责任感,以赢得社会的普遍好感和信任。图6.5即为玉树地震赞助活动的现场。

6.4.1 赞助活动的目的

通过赞助活动,可以提高企业的知名度、树立企业在社会公众中的良好形象,为企业的生存和发展创造有利环境和条件,以此为目的的公共关系活动,是实现公

图6.5　赞助活动现场

关目的的有效手段。赞助活动的目的主要有5个方面：

①出资赞助社会公益事业，赞助以提高社会效益为重要目的。

②关心和支持社会公益事业，赞助以承担企业的社会责任和公关目的为主要目的。

③以资证明企业的经济实力，赢得社会公众的信任，谋求社会公众的好感，达到增进与社会公众感情的目的。

④以赞助活动为手段，扩大企业知名度，使之成为公共关系广告，增强企业商业广告的说服力和影响力。这种赞助以扩大影响为主要目的。

小知识

奥林匹克运动会无疑是世界上知名度最高和影响力最广的全球性活动之一，同时也吸引了像可口可乐、麦当劳、百威啤酒、松下、三星、联想等这些世界级品牌的目光。同样，这些品牌通过赞助奥运会获得了消费者更多的关注和认同，品牌价值也迅速提升。有关调查表明，每100人就有超过50%的人愿意购买奥运赞助商的产品，而在美国这个比例是76%。宝马、沃尔沃等汽车品牌赞助博鳌亚洲论坛也是基于活动影响力的考虑，并在高端商务人士中建立了良好的品牌形象。

（资料来源：中国公关网 www.chinapr.com.cn）

⑤赞助活动可以在目标受众中形成品牌联想。品牌联想是指消费者想到某一品牌时能记起与品牌有关的事。故赞助以增强品牌信任度以及塑造品牌形象为目的。如谈到超级女声就会联想到蒙牛，说起《赢在中国》这个栏目就会想到中国联通，联想的"奥运火炬手选拔"、青岛啤酒的"我是冠军"等活动，也都是通过赞助活动成功建立品牌联想的成功案例。

6.4.2 赞助活动的类型

1）从赞助对象进行分类

①赞助体育活动。这是最常见的一种赞助形式。体育活动的影响面大,公众参与的感觉强烈,并且超越了民族、国界和政治因素的影响。

小案例

红塔集团一直以提高品牌影响力作为推广的主要手段,4年一次的足球世界杯赛事可谓是2006年最大规模的一个事件,红塔集团借助2006年世界杯这一体育界的盛大事件与新浪网合作,采取事件行销的手段,赞助其赛会最佳评选的活动。

案例评析:

通过这种企业形象的高曝光率达到提升红塔集团品牌形象的目的,并获得了很好的效果。

(资料来源:新浪网 www.blog.sina.com.cn)

②赞助文化活动。如赞助电影、电视剧、文艺演出、音乐会、演唱会、画展等。

小链接

水井坊从2006年起连续3年携手CCTV独家冠名赞助中国经济年度人物评选活动,家喻户晓的"中国白酒第一坊"通过赞助活动的方式,不仅展示了水井坊的独特魅力,还向世界展示中国传统酒文化。

③赞助教育事业。其形式有:设立奖学金、成立基金会、捐赠图书设备,出资修建教学科研楼馆、赞助科研项目等。近几年,不少外资企业纷纷把赞助目光投向了大学校园,选择大学生作为赞助对象,既获得了支持教育事业的好名声,又为自己日后选拔人才奠定了基础。

④赞助慈善福利事业。常见的做法有:救济残疾人,资助孤寡老人,捐助灾区人民,捐赠儿童福利等。如:"非典"期间、"5.12汶川大地震"中许多国家和企业捐赠医药物资和资金。

⑤赞助纪念活动。如赞助建国周年庆典、大型社会经济成就展览、历史伟人的事迹展览和纪念活动等。

⑥赞助特殊领域。如赞助学术理论活动和学术著作的出版,赞助生态资源保护和文物古迹的开发等。如金种子集团赞助河南省营销协会年会和颁奖大会。

2）从赞助的形式进行分类

①资金赞助。如吉列在2002年世界杯期间提供了一些抽奖项目,为中奖者提供免费观看世界杯决赛的机会;或者,如果用足球踢中一个指定目标,就能获得100万美元。

②实物赞助。实物赞助的物品最好是活动举办所急缺的,可以用来降低举办的直接支出成本的物品实物赞助,仅限于活动期间主办方对该物品的使用权,活动结束后举办方需要向赞助者交还物品,比如2009年3月在无锡举办的第二届世界佛教论坛的所有嘉宾接待车辆都是由一汽奥迪提供的,活动结束后主办方需归还所有车辆。

6.4.3 赞助活动的步骤

1）明确赞助目的

社会组织在进行赞助活动前,要明确赞助活动的目的。赞助活动可以是为组织扩大知名度,增强信任度,也可以是为提高美誉度。

2）选择赞助对象

社会组织可以主动选择赞助对象,也可以应请求决定赞助对象。不论是什么情况,都要依据组织自身的发展战略和公共关系目标来选择和确定。

小链接

赞助活动应选择公众最乐于支持的事业和最需要支持的事业。

3）制订计划

提供赞助的社会组织要由赞助委员会根据赞助方向和政策,结合组织的经济实力等因素,提出年度赞助计划,写明赞助对象的范围、经费预算、赞助形式、组织管理办法等,以做到有计划、有控制地开展活动。

小链接

赞助活动要做到有的放矢,控制赞助范围,防止赞助规模超过企业承受能力。

4)具体实施

计划制订好以后,要派专门的公共关系人员负责各项赞助方案的具体实施,运用公共关系技巧去扩大组织的社会影响。如果遇到不正当赞助要求和摊派,应坚决拒绝,必要时可诉诸社会舆论和法律。

5)检测赞助效果

赞助活动结束之后,组织应对赞助效果进行调查检测。可以对照计划检测指标完成情况,可以收集社会公众、新闻媒体和接受赞助者的看法,找出差距,评定效果,写出报告,存档备查。

6.5 新闻发布会

新闻发布会又称记者招待会,是一个组织集中发布新闻,扩大社会影响,搞好媒介关系的一种重要方法。

小链接

政府、企业、社会团体或个人都可以举行新闻发布会。

6.5.1 新闻发布会的筹备

要使新闻发布会成功召开,达到预期的效果,筹备工作非常重要。

图 6.6 新闻发布会现场

1)新闻发布会前的准备工作

(1)新闻发布会主题

一般来说,有新产品问世、有新技术开发、有新项目合作、开业或倒闭、合并或转产、重大纪念活动、重大危机事故等,都具有一定的新闻发布价值。

小链接

要善于"制造新闻",即通过有计划引导、推动和挖掘,帮助组织"制造"出实实在在的新闻来,而非弄虚作假,编造假新闻。

（2）新闻发布会举行的时间和地点

举行新闻发布会,在时间上应该尽量避开节假日和有重大社会活动的日子,以免记者不能来参加。具体时间通常为上午10:00或下午3:00,持续时间控制在1.5小时左右。在地点选择上主要是考虑给记者创造各种方便采访的条件,如录像、拍摄的辅助灯光、视听辅助工具、幻灯或电影的播放设备等,以及交通是否方便、地点是否安静。

小知识

发布方在寻找新闻发布会的场所时,还必须考虑以下的问题:

1.会议厅容纳人数;主席台的大小、布景;投影设备、电源;相关服务如何;住宿、酒品、食物、饮料的提供;价钱是否合理;有没有浪费的空间。

2.背景布置。主题背景板,内容含主题、会议日期,颜色、字体注意美观大方,颜色可以以企业VI为基准。

3.酒店外围布置,如酒店外横幅、竖幅、飘空气球、拱形门等。酒店是否允许布置。

（3）新闻发布会邀请的对象

确定邀请的对象,应根据新闻发布会的主题,有选择地邀请有关的新闻记者参加,如经济类、文化教育类、体育类、社会生活类、法制类等,都有不同的媒介形式或不同的媒介记者。邀请对象一经确定,应提前7至10天发出邀请,临近开会时还应打电话联系落实。

（4）新闻发布会主持人和发言人

主持人和发言人除具有较高的文化修养和专业水平,还要思维敏捷、口齿伶俐。主持人一般由组织公共关系机构的负责人担任,发言人应由熟悉组织的整体情况和方针、政策的高级领导担任。不论主持人和发言人,都是组织形象的化身,其外表形象的设计也应下一番功夫,服饰仪表、言谈举止都应该给人以礼貌真诚的感受。

（5）新闻发布会发言提纲、宣传辅助材料

根据会议的主题收集有关信息,撰写准确生动的有关资料如主持人的讲话提纲、发言人的发言稿、答记者问的备忘提纲新闻统发稿、会议报道提纲、所发新闻的有关背景材料和论据材料,以及有关的图片、实物、影像等辅助材料。

小链接

适当地制造悬念可以吸引记者对新闻发布会的兴趣,一种可选的方式是开会前不透露新闻,给记者一个惊喜。"我要在第一时间把这消息报道出来"的想法促使很多媒体都在赶写新闻。无论一个企业与某些报社的记者多么熟悉,在新闻发布会之前,重大的新闻内容都不可以透漏出去。

(6)新闻发布会所需费用

根据新闻发布会的规格和规模做出可行的经费预算。费用项目一般有:场租、会场布置、印刷品、茶点、礼品、文书用品、音响器材、邮费、电话费、交通费等。需要用餐时还应加上餐费。

除以上几点会前准备工作,有时会后还需要组织记者实地参观采访,这项工作需要有专人接待,安排好参观路线和范围。

2)新闻发布会的议程

①迎宾签到
②分发资料
③会议过程
宣布开始、发布新闻、答记者问、宣布结束。
④会后活动
主持人提示会后记者参观或宴会活动。
⑤效果评估

3)新闻发布会后的工作

①迎宾签到后应尽快整理出新闻发布会上的记录材料。对会议的组织、会场布置、主持和回答问题等方面工作的经验和不足做出评价和总结,归档备查。
②收集到会记者在报刊、电台、电视台上发表的新闻报道。如果出现不利于组织的报道,是组织自身行为引起的,应虚心接受并致歉意,是记者方面的问题则应采取行动说明真相,要求媒体更正。对于检查出的问题,要分析原因并设法弥补。
③收集记者及其他与会代表对新闻发布会的反应,了解接待、安排、提供服务等方面的工作是否欠妥。

6.5.2　新闻发布会的注意事项

①主持人要充分发挥主持和组织作用。以庄重的言谈和感染力活跃会议气

氛,引导记者踊跃提问。掌握好预定的会议时间而不要随意延长。

②对所发布的信息必须做到准确无误,若发现错误应及时予以纠正。

③不能随便打断记者的提问或用各种语言、表情、动作表示对记者不满,即使记者的提问带有很强的偏见或带有挑衅性,也不能激动发怒,要表现出应有的涵养,用冷静的态度和平和的语言陈述事实,予以纠正和反驳。

小案例

百年奥运　传奇见证

——2008 昆明献礼"奥林匹克魂"世界珍藏奥运邮票展新闻发布会方案

一、发布会主题:"百年奥运 传奇见证——2008 昆明献礼'奥林匹克魂'世界珍藏邮票展新闻发布会"

二、发布会时间:2008 年 4 月 25 日

三、发布会地点:云南省博物馆

四、新闻发布会的目的

①此次新闻发布会主要目的是通过媒体的大力宣传,告知社会各界人士昆明在奥运来临之际开办了这样一个史无前例的展览,并让市民知晓此次展览的重大意义。

②更广泛地动员社会各界人士前来参观展览以取得良好的社会口碑。

五、发布会主要内容

①发布本次展览邮票的发现、整理等相关消息。

②宣布本次展览邮票荣誉(荣获世界吉尼斯纪录总部授予的"世界上最全奥运邮票收藏")。

③上海大世界基尼斯授予世界纪录创造者"上海大世界基尼斯世界之最——各类奥运会邮票收藏数量之最"荣誉证书。

④本次展览活动的目的和意义。

⑤在奥运会倒计时 100 天开展本次活动的重要意义。

⑥正式发布本次展览昆明开幕式的时间和地点。

六、发布会出席人员

到会人员:

发布会主持人:

新闻发言人:

拟订参加媒体:

新华社云南分社、云南日报、昆明日报、春城晚报、都市时报、云南信息报、云南

卫视、昆明电视台、云南电台生活之声、新闻广播天天伴你行、昆明广播电台、昆明热线。

七、新闻发布会工作议程

①嘉宾到场,专人迎接

②茶歇

③嘉宾入场(专人引导)

④嘉宾、记者分别入座(专人引导)

⑤主持人介绍参会的领导、嘉宾及媒体

⑥宣读《关于同意举办"百年奥运 传奇见证"展览的批复》

⑦答记者问

⑧主持人宣布新闻发布会结束(新闻发布会后合影留念)

(资料来源:云南信息网 http://www.10f1.com)

6.6 宴 请

宴请是社会交往中最常见的交际活动之一。国际上通用的宴请形式有宴会、招待会、茶会、工作进餐等。举办宴请活动采用何种形式,通常根据活动目的,邀请对象以及经费开支等各种因素而定。

6.6.1 宴请的形式

1)宴会

(1)国宴

国宴是国家元首或政府首脑为国家的庆典,或为外国元首、政府首脑来访而举行的正式宴会,因而规格最高。宴会厅内悬挂国旗,安排乐队演奏国歌及席间乐。席间致辞或祝酒。

(2)正式宴会

正式宴会除不挂国旗、不奏国歌以及出席规格不同外,其余安排大体与国宴相同。

(3)便宴

便宴即非正式宴会,常见的有午宴、晚宴,有时亦有早上举行的早餐。这类宴会形式简便,可以不排席位,不作正式讲话,菜肴道数亦可酌减。西方人的午宴有时不上汤,不上烈性酒。便宴较随便、亲切,宜用于日常友好交往。

（4）家宴

家宴即在家中设便宴招待客人。西方人喜欢采用这种形式，以示亲切友好。家宴往往由主妇亲自下厨烹调，家人共同招待。

2）招待会

招待会是指各种不备正餐较为灵活的宴请形式，备有食品、酒水饮料，通常都不排席位，可以自由活动。一般有以下形式：

（1）冷餐会（自助餐）

冷餐会宴请形式的特点，是不排席位，菜肴以冷食为主，也可用热菜，连同餐具陈设在菜桌上，供客人自取。客人可自由活动，举办时间一般在 12:00—14:00，17:00—19:00 左右。

（2）酒会

酒会又称鸡尾酒会。这种招待会形式较活泼，便于广泛接触交谈。招待品以酒水为主，略备小吃。不设座椅，仅置小桌（或茶几），以便客人随意走动。酒会举行的时间亦较灵活，中午、下午、晚上均可。

小链接

近年国际上举办大型活动采用酒会形式渐普遍。庆祝各种节日、欢迎代表团访问，以及各种开幕、闭幕典礼，文艺、体育招待演出前后往往举行酒会。

3）茶会

茶会是一种简便的招待形式。举行的时间一般在下午 16:00 左右（亦有上午 10:00 举行）。茶会通常设在客厅，厅内设茶几、座椅。

4）工作进餐

按用餐时间分为工作早餐、工作午餐、工作晚餐。是现代国际交往中经常采用的一种非正式宴请形式（有的时候由参加者各自付费），利用进餐时间，边吃边谈问题。在代表团访问中，往往因日程安排不开而采用这种形式。

6.6.2 宴请组织工作

1）确定宴请目的、名义、对象、范围与形式

①宴请的目的。宴请的目的是多种多样的，可以是为某一个人，也可以为某一

事件,还可以为庆祝某一节日、纪念日,为展销会的开幕、闭幕,某项工程动工、竣工等。

②确定邀请名义和对象。主要根据主、客双方的身份,主客身份应该对等。我国大型正式活动以一人名义发出邀请。日常交往小型宴请则根据具体情况以个人名义或以夫妇名义出面邀请。

③确定邀请范围。邀请范围可以根据宴请的性质、主宾的身份、国际惯例、对方对主办方的做法来确定。

④宴请的形式。宴请采取何种形式,在很大程度上取决于当地的习惯做法。一般来说,正式、规格高、人数少的以宴会为宜,人数多则以冷餐或酒会更为合适,妇女界活动多用茶会。

2)确定宴请时间、地点

①确定宴请时间。宴请的时间应对主、客双方都合适。注意不要选择对方的重大节假日、有重要活动或有禁忌的日子和时间。例如,对信奉基督教的人士不要选13号,更不要选13号星期五。伊斯兰教在斋月白天禁食,宴请宜在日落后举行。

②宴请地点的选择。官方正式隆重的活动,一般安排在政府、议会大厦或宾馆内举行,其余则按活动性质、规模大小、形式、主人意愿及实际可能而定。

3)发出邀请

请柬一般提前一周至二周发出(有的地方须提前一个月),以便被邀请人及早安排。已经口头约妥的活动,仍应补送请柬,在请柬右上方或下方注上备忘字样。

4)订菜

宴请的酒菜根据活动形式和规格,在规定的预算标准以内安排。选菜不以主人的爱好为准,主要考虑主宾的喜好与禁忌,菜肴道数和分量都要适宜。

小链接

伊斯兰教徒用清真席,不用酒,甚至不用任何带酒精的饮料;印度教徒不能用牛肉;佛教僧侣和一些教徒吃素;也有因身体原因不能吃某种食品的。

无论哪一种宴请,事先均应开列菜单,并征求主管负责人的同意。获准后,如是宴会,即可印制菜单,菜单一桌两、三份,至少一份,讲究的也可每人一份。

5)席位安排

正式宴会一般均排席位,也可以只安排部分客人的席位,其他客人只排桌次或自由入座。礼宾次序是排席位的主要依据。在排席位之前,要把已经落实出席的主、客双方出席名单分别按礼宾次序开列出来。在具体安排席位见图6.7。

6)现场布置

宴会厅和休息厅的布置取决于活动的性质和形式。官方正式活动场所的布置应该严肃、庄重、大方。

宴会可以用圆桌也可以用长桌或方桌(桌次布置见图例)。一桌以上的宴会,桌子之间的距离要适当,各个座位之间也要距离相等,如图6.8、图6.9、图6.10、图6.11所示。

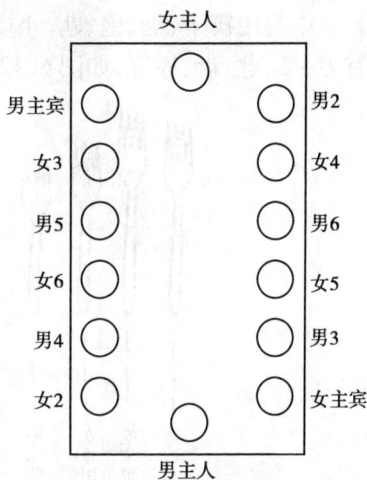

图 6.7 宴会席次示意参考图
注:长桌、邀请夫妇出席的宴会,主人坐两头

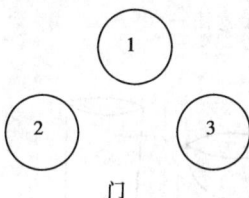

图 6.8 宴会桌次布置示意图一

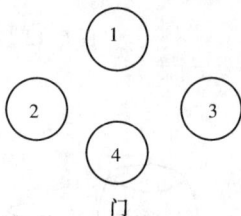

图 6.9 宴会桌次布置示意图二

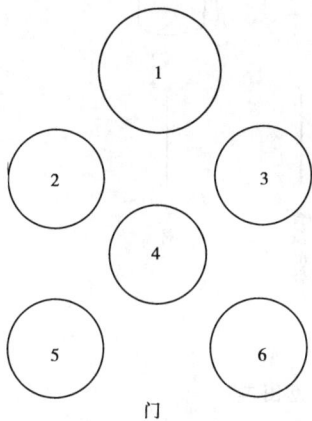

图 6.10 宴会桌次布置示意图三

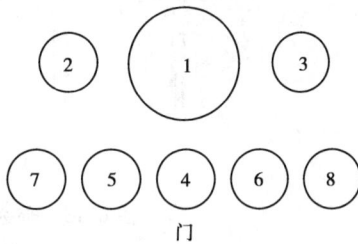

图 6.11 宴会桌次布置示意图四

7)餐具的准备

中餐用筷子、盘、碗、匙、小碟、酱油碟等。西餐具的摆设与中餐不同。西餐具有刀、叉、匙、盘、杯等,如图6.12、图6.13、图6.14所示。

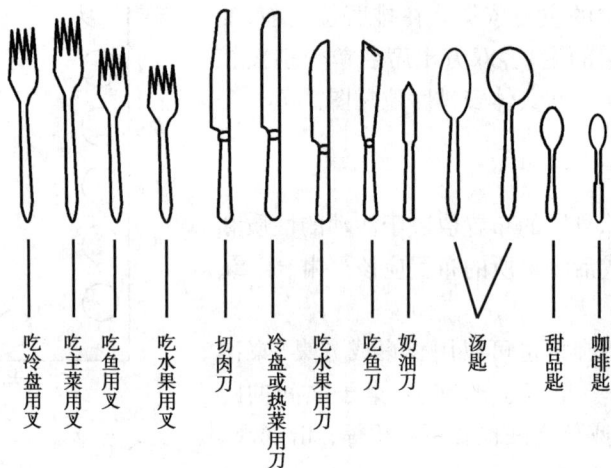

吃冷盘用叉　吃主菜用叉　吃鱼用叉　吃水果用叉　切肉刀　冷盘或热菜用刀　吃水果用刀　吃鱼刀　奶油刀　汤匙　甜品匙　咖啡匙

图6.12　部分西餐具、酒杯示意图一

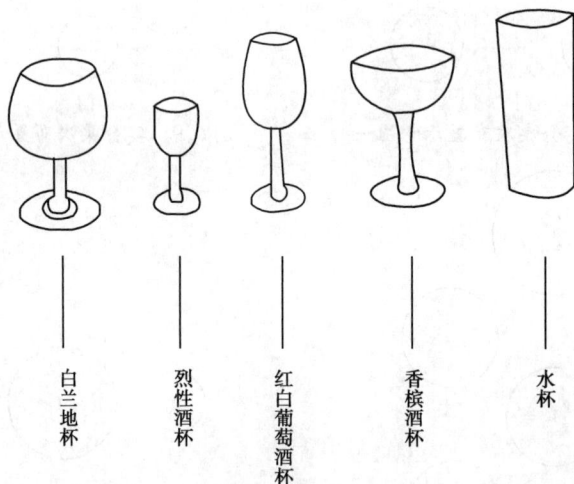

白兰地杯　烈性酒杯　红白葡萄酒杯　香槟酒杯　水杯

图6.13　部分西餐具、酒杯示意图二

图6.14　部分西餐具、酒杯示意图三

【做一做】

一、经典案例阅读

宝洁公司的社会责任

1952年,宝洁公司建立了"宝洁基金"。今天,宝洁公司和宝洁基金会每年在全世界范围内的捐款都超过了5 000万美元,不断向有需要的人、向有需要的地方伸出援助之手。在中国,宝洁是知名度最高、大学毕业生最向往工作的跨国企业。

在中国的公益赞助项目中,宝洁公司尤其支持教育事业——从学前教育到研究生院,宝洁公司都给予高度的重视。宝洁公司相当多的教育赞助项目,集中于中国科学院、北大、清华等中国最优秀的研究机构、大学;"希望小学"建设是中国政府所积极推进的宏大工程,宝洁公司不断投入资金支持中国希望工程,赢得了中国政府的高度赞许;宝洁公司投入巨资启动"春蕾计划",支持中国少年儿童的教育工程,从营销的角度上,宝洁公司已经将品牌影响力对准了其未来的消费者——中国的少年儿童。

在宝洁等跨国巨头企业看来,公益赞助既是表现企业社会责任的最好方式,也是赢得政府认同、打造企业品牌影响力的有效途径。而出色的商业化运作则使得公益赞助变成一种社会受益、企业有利的双赢行为,并使企业有动力不断进行循环投入。

想一想:

1.宝洁公司选择什么时机进行赞助?体现什么原则?

2.本土企业如何避免"对社会有利,对企业无益"的结果?

二、实训活动

◎ 内容

模拟一次新闻发布会:要求每一位发言人选定一个主题,如国际形势新闻发布、艺术节新闻发布、校园热点新闻发布、流行娱乐信息发布等。最好选择人们关心的事情作为新闻发布的内容。

◎ 目的

1.激发口语训练兴趣、培养准确表述及表情达意的能力、学习说话技巧,熟练运用普通话的能力。

2.通过公共关系专题活动的学习锻炼学生的组织能力。

◎ 人员

1.实训指导:任课老师。

2.实训编组:全班学生分成4个小组,每个小组推选两名新闻发言人和两名记者。

◎ 时间

2课时。

◎ 步骤

1.4个小组各推举两个新闻发布人,每个小组准备5~10分钟的新闻内容。

2.抽签决定先后顺序。分小组轮流进行模拟新闻发布会。一个小组完成后,由其他三个小组的记者提问,限3个问题;记者提问采用举手方式,由主持人指定记者提问。参赛者不得拒绝回答。

3.评委当场评分,满分为10分。

4.评委评出优胜小组,现场"观众"评出"首席新闻官""首席记者"各一名,"优秀新闻官""优秀记者"若干名。

◎ 要求

1.落落大方、充满自信;

2.表述准确、口齿伶俐;

3.观点正确、话语严密;

4.熟悉情况、随机应变;

5.沉着冷静、注重分寸；

6.适当幽默、角色感强。

【任务回顾】

专题活动是公共关系提高知名度、美誉度的重要手段。本章介绍了几种最常用的专题活动，这些活动虽然步骤多少不同、工作内容各异，但都应注意好人流、物流、信息流的关系。

庆典活动是提高组织知名度、扩大影响的活动，应遵循"热烈、隆重和节约"的原则。从拟定名单到最后的馈赠礼品，每一个步骤都应精心设计。

展销会要展、销结合，形象、直观，做到人和物的有机结合，要办得生动活泼、别具一格。

开放参观活动要主题突出，要配合资料讲解，安排紧凑而不局促；陪同参观的人员要能体谅参观者的心情，为参观者着想。

赞助活动事前一定要认真调查研究、目的明确、师出有名，通过比较选择，争取最佳效果。

新闻发布会必须要有恰当的新闻"由头"，选择最佳的时机，尽量满足记者们的合理要求。

安排宴请活动，需要认真筹划和精心准备，要符合有关宴请的礼仪规范。

【名词速查】

1.公关赞助

公关赞助是指组织通过无偿地提供资金或物资支持各种社会公益事业或活动，以提高社会声誉，树立良好社会形象的公关专题活动。

2.展览

展览活动是一种综合运用实物、文字、图像、音像资料或操作演示等形式，在一定时间和地点集中向公众展示组织的成果、风貌、特征，树立组织形象的公关专题活动。

3.新闻发布会

新闻发布会又称记者招待会，是一个组织集中发布新闻，扩大社会影响，搞好媒介关系的一种重要方法。

【任务检查】

一、单选题

1. 赞助( )。
   A. 是一种可以获得效益的投资,而不仅仅是一种慈善事业
   B. 是一种慈善事业,而不是一种可以获得效益的投资
   C. 不是一种慈善事业,也不是一种可以获得效益的投资
   D. 仅仅是一种慈善事业

2. 双方签约后,为庆祝合作成功,可以举行( )。
   A. 小型宴会   B. 鸡尾酒会   C. 舞会   D. 大型宴会

3. 从内容上看,可容纳多家不同产品进行同时展销的是( )。
   A. 专项展销会   B. 综合性展销会   C. 大型展销会   D. 中型展销会

4. 组织公众前来社会组织参观有一个主要的目的就是( )。
   A. 扩大组织美誉度   B. 促销
   C. 提高工作水平   D. 增强员工或家属的自豪感

5. 策划具有新闻价值的事件又可称之为( )。
   A. 新闻发布会   B. 制造新闻   C. 撰写新闻资料   D. 撰写新闻稿

二、多选题

1. 常见的典礼、仪式有( )。
   A. 法定节日庆典   B. 某一组织的节日庆典   C. 签字仪式
   D. 授勋仪式   E. 开业典礼

2. 开业庆典赠送的礼品是( )。
   A. 宣传性传播媒介   B. 纪念性传播媒介
   C. 象征性传播媒介   D. 沟通性传播媒介

3. 新闻发布会的主要发言人应该是( )。
   A. 当领导的   B. 头脑机敏的   C. 漂亮的
   D. 口齿清楚的   E. 具有较强口头表达能力的

4. 社会组织开展赞助活动的目的有 3 个,即( )。
   A. 扩大知名度   B. 增强信任度   C. 促销产品
   D. 扩大影响   E. 提高美誉度

5. 展销会的特点是( )。
   A. 高效性   B. 复合性   C. 综合性
   D. 新闻性   E. 双向性

三、判断题

1. 开业庆典是提高组织知名度、扩大社会影响的公共关系活动。　　（　　）
2. 新闻发布会应在重大节日和有重大社会活动时举行。　　（　　）
3. 展览活动不可以一次展出许多行业的不同产品。　　（　　）

四、简答题

1. 从赞助的对象来看,社会赞助活动有哪些类型?
2. 如何做好举办新闻发布会前的准备工作?
3. 展览活动的特征有哪些?
4. 进行赞助应遵循什么原则?

五、案例分析题

某酒店开业前,对如何进行开业庆祝活动,酒店公关部进行了热烈的讨论。大家议论纷纷,出了不少点子,归纳起来有5种方案:

第一种方案,主张开业那天要把气氛搞得越热闹越好,鸣放礼炮,进行大型军乐演奏,请名演员登台献艺,大造声势,吸引各方民众。

第二种方案,主张除搞些演出活动外,关键还要请来省市领导,搞好剪彩仪式,请主要领导讲话,给予高度评价,产生轰动效应。

第三种方案,主张进行开业大酬宾,通过抽签选出幸运观众,进行500人的宴请品尝活动。这样既增强吸引力,扩大影响面,又使品尝者得到实惠,使之赞不绝口,将此次活动传为美谈。

第四种方案,主张举行隆重的开业典礼,播放喜庆音乐,请劳动模范剪彩,然后召开顾客与酒店领导座谈会,为酒店出谋划策,中午便餐招待。

第五种方案,主张召开简单的开业典礼,把省下的资金捐献给希望工程,请记者参加采访,形成材料,通过媒体传播产生广泛影响。

对以上策划方案,请你品评一下,你认为哪一种比较好? 提出意见。也可以利用或创造条件,提出更好的方案。

任务 7
公共关系危机处理

任务目标

通过课堂教学、案例分析和实践训练等多种形式,使学生了解公共关系危机的含义,危机事件的类型和特征;学会制订危机处理计划及分阶段处理危机事件;掌握危机事件处理的原则和技巧。

学时建议

知识性学习 4 课时。

案例学习讨论 2 课时。

观察学习 2 课时(业余自主学习)。

【导学语】

公共关系危机处理对组织的意义重大。

请看下面的案例来了解公共关系危机处理。

案例导入

具有1 200年历史的浙江金华火腿，一直以来享誉海内外。个别黑心厂家利用有害物质加工火腿的事件被中央电视台曝光后，昔日门庭若市的浙江金华火腿现门可罗雀。具有千年历史的金华火腿，正面临着生死存亡的考验。目前，金华市紧急制订一系列措施，维护这一流芳千年的产业。

小链接

"智者千虑，必有一失"。
"危机无处不在，无时不有"。

【学一学】

公共关系危机对现代组织来说，是任何时候都可能发生的，公共关系危机处理是现代管理领域的一个新课题。现代组织的公共关系人员必须了解公共关系危机产生的原因，树立公共关系危机意识，做好公共关系危机的预防工作，并能根据公共关系危机管理的原则、程序、策略，妥善处理各种危机事件，使组织转危为安，化"危"为机。

7.1 公共关系危机与危机公共关系

7.1.1 公共关系危机的含义

公共关系危机，是指由于某些突发事件及重大问题的出现，导致组织与其公众关系发生变化,组织正常的业务活动受到影响,组织的生存与发展受到威胁,组织形象受到损害的形势或情形。

在公共关系危机中,突发事件是公共关系危机的核心。突发事件从广义上来说,可分为对组织有利(良性)和不利(恶性)两大类,我们主要是研究对组织不利的方面,也就是恶性的突发事件。

危机公关:指一个组织发生使形象受损的事件或预测到即将发生危机时,组织所采取的一系列与社会公众积极沟通、把损失降到最低限度的公共关系传播沟通的管理活动。

7.1.2　公共关系危机的特征

1)突发性

正如我国一句俗语"天有不测风云,人有旦夕祸福"。突发事件一般都是在组织毫无准备的情况下突然发生的,往往给组织的公关部门和公关工作,带来意想不到的困难。

小案例

1993 年,发生在美国的百事可乐罐中发现注射针头事件(事后查明是一对老年夫妇在用完注射器后顺手将针头放进了空置的百事可乐易拉罐中所致),由于传媒报道,造成谣言四起,一周内在美国竟然出现 7 例同类针头事件,由于公司反应不够及时,在一周后才将事件平息,导致百事可乐公司损失了 2 500 万美元。

案例评析:

这一事件的发生,充分表明公共关系危机的突发性这一鲜明特点。

(资料来源:李华伦.公共关系实务基础 [M].昆明:云南民族出版社,2007.)

2)难以预测性

危机包含许多未知因素,是在正常生产情况下难以预料的。特别是那些由组织外部的原因造成的危机,如自然灾害、国家政策的改变、科技新发明带来的冲击等,它们往往是组织始料不及并难以抗拒的。如一家航空公司可能会遇到空难事故,但我们不知什么时候会发生空难事故。

3)危害性

危机事件的发生,不仅会对公众造成伤害,而且会对社会组织的生存和发展构成威胁,组织数十年甚至上百年的形象基础可能会因此而毁于一旦。

小知识

关于危机传播的研究指数:大凡有一名提出投诉的顾客背后,约有 26 名保持沉默的不满意顾客。这 26 名顾客有可能会对自己的约 10 名亲朋好友传播自己的不满,而这 10 名亲朋好友中约有 33% 的人会有可能再把此信息传播给另外 20 人。因此,一名不满意的顾客将产生 $1 + (26 \times 10) + (10 \times 33\% \times 20) = 327$(个)不满意的顾客。

4)舆论的关注性

现代社会,大众传播十分发达,组织危机常常成为社会舆论关注的焦点、热点,成为媒介捕捉的最佳新闻素材和报道线索,从而给组织处理危机、重塑形象工作增加难度。如 2001 年的美国 9.11 事件在非常短的时间内成为全世界大小媒体广泛报道的焦点。

小链接

危机事件带来了什么?
①消费者信心下降,
②产品抵制,
③资本市场下挫,
④政府制裁,
⑤品牌资产严重损失。

7.1.3 危机事件的类型

准确认识和判断公共关系危机的类型,是成功地进行公共关系危机处理的一个必不可少的重要前提。从不同角度划分,公共关系危机可分为不同类型。

1)从危机的程度看,公共关系危机可划分为一般性危机和严重危机

①一般性危机。一般性危机主要是指常见的公共关系纠纷。主要有:消费者关系纠纷、同行业关系纠纷、社区关系纠纷等。

②严重危机。重大危机指组织的重大工伤事故、重大生产失误、突发性的商业危机、大的劳资纠纷等。

小链接

中国有句俗话说："千里之堤，溃于蚁穴"。一般性危机虽然给组织带来的伤害不大，但公关人员也不能掉以轻心。

2）从危机同组织的关系及归咎的对象看，公共关系危机可分为组织内部危机和组织外部危机

①组织内部危机。指公共关系危机发生在组织之内，主要是由组织或成员的行为直接造成的，危机的责任主要由组织自己承担。

②组织外部危机。指导致危机的原因是由组织外部造成的，一般波及的范围较大，受害者多数是具体的社会公众。

3）从危机的外显形态，可分为已经出现的危机和潜伏的危机

①已经出现的危机。指已经发生或趋势非常明显的危机。如经营决策失误造成的产品积压、产品质量问题引发法律赔偿等。

②潜伏的危机。指危机的因素已经存在，但尚未被人们意识到的危机，如安全防火设施老化等。

小知识

潜伏的危机比已经出现的危机具有更大的危险性。犹如大海中的冰山，已经出现的危机是浮在水面上的部分，易被人们重视；而潜伏的危机是隐在海水下的冰山，不易被发现，其危险性更大。

4）从危机发生的具体原因划分

美国《危机管理》一书的作者菲克曾对《财富》杂志排名前 500 名的大公司董事长和总经理，进行过一项关于企业危机的调查。调查结果表明，公司容易发生的危机，主要有以下原因：

①组织自身问题造成的危机。

②意外事故造成的危机。

③外界谣言、不利报道等引起的危机。

④法律纠纷引起的危机。

⑤社会抵制活动、恐怖活动等引起的危机。

小知识

1989 年 3 月,瓦尔迪兹发生事故,造成 1 100 万加仑原油泄漏,对大片海域造成污染。结果,公司蒙受 21 亿多美元的损失,CEO 下台,公司股票损失了 5% 的市值,相当于 30 亿美元。

小案例

2008 年 4 月 7 日,北京奥运会圣火在巴黎的传递遭到"藏独"分子的破坏,网友遂发起抵制法国企业的号召。之后有消息称,由于路易·威登—莫特·轩尼诗集团(LVMH)涉嫌曾予以"藏独"资金支持,而该集团刚刚成为家乐福的最大股东。家乐福一时间成为千夫所指的对象,遭到网友的广泛抵制。

随后,法国家乐福集团总裁迪朗 22 日在接受中国媒体联合采访时表示,家乐福不愿在政治中扮演任何角色。迪朗也坚决否认了家乐福是记者无国界组织合作伙伴的传闻。但是他的声明并没有得到广大中国网民的认可。5.12 大地震发生后,家乐福国际基金会当晚宣布,向中国受灾地区捐赠人民币 200 万元。当然他们也在新闻稿中注明了曾在 2008 年 1 月中国南方遭受灾害时捐赠人民币 200 万元,以此表示家乐福的捐赠并不是针对危机的公关行为。

案例评析:

家乐福在 2008 年 4 月 16 日发出第一份声明,澄清自己爱中国的立场和支持北京奥运的态度,积极和媒体沟通,促使中国商务部及法国相关政府部门行动起来,体现了积极的原则。4 月 21 日,家乐福全球总裁杜哲睿接受采访并向中国人民解释和道歉,体现了真诚沟通的原则。积极在中国商务部和法国政府之间进行公关,寻求政府的支持,以权威证实来提高公众对组织的信度,有效地解决了危机。

(资料来源:中国公关网 www.chinapr.com.cn)

⑥自然灾害引起的危机。

小案例

1985 年 9 月,墨西哥一个旅游胜地附近的火山爆发,引发地震。新闻报道之后,当晚该旅游地的饭店就接到很多游客的电话,要求取消旅游计划,退掉已经订好的房间,使当地旅游业面临重大损失。

⑦公共卫生事件引起的危机。

小案例

截至 2003 年 5 月 28 日 10 时,全国内地累计报告非典型肺炎临床诊断病例 5 323 例(其中医务人员 966 例;北京、河北、广东排除原临床诊断病例各 1 例)。全国累计治愈出院 3 036 例,死亡 325 例。全国内地非典型肺炎疑似病例合计为 1 287 例。据统计,2003 年全国旅游业的直接损失估计将在 1 400 亿人民币,如果加上其他间接影响,经济损失总额可能达到 2 100 亿人民币左右,使我国 2003 年的经济增长速度比原来预期的少 1~2 个百分点。

⑧恶意破坏、军事对抗等引起的危机。
如巴以冲突对巴以地区各国经济的影响。

7.2　危机处理计划

小链接

普林斯顿大学的诺曼·R. 奥古斯丁教授认为,每一次危机本身既包含导致失败的根源,也孕育着成功的种子。发现、培育,以便收获这个潜在的成功机会,就是危机管理的精髓。简言之,如果处理得当,危机完全可以演变为"契机"。

7.2.1　公共关系危机发展的不同阶段及处理

公共关系危机是一种不稳定、会变化、可发展的动态过程。一般来说,公共关系危机都要经历潜伏→爆发→处理→恢复 4 个不同阶段。

1)潜伏期

潜伏期是危机发生的前阶段,在这一阶段,某些导致日后危机爆发的因素已经悄悄产生。如果这些因素不能及时发现,或者没有引起足够重视,那么这些危机源就会迅速扩展,最后引发危机。因此,组织的职能部门要事先发现危机征兆,及时采取补救,使危机在潜伏期就得以制止。

小案例

1998 年 1 月 26 日,我国山西省溯州发生大规模假酒中毒事件,震惊中外,汾酒集团却以为假酒事件与己无关,没有采取任何举措,没想到危机已经来临。由于企业地处山西,而成为谣传的直接受害者,外商纷纷宣布撤单,当年出口受到严重影响。而同期的安徽古井贡酒厂却敏锐的觉察到假酒事件可能造成的冲击,他们主动在全国性媒体上发表《致全国消费者的公开信》,信中倡议以老八大名酒厂为主,成立中国打击假酒专项基金;并主动向死难者家属提供 20 万元抚恤金;还向全国消费者承诺,"古井贡"酒厂视质量为生命,以最规范的生产流程和最严格的质量检测确保产品质量,维护消费者权益,从而使企业远离了危机。

案例评析:

安徽古井贡酒厂具备了较强的危机意识,在危机发生前的潜伏期就采取了有效的预防措施,从而做到了防危机于未然,并在危机中提升了品牌形象和组织信誉度。

(资料来源:中国公关网 www.chinapr.com.cn)

2)爆发期

如果组织存在的问题潜伏到这一阶段,接下来就是一个突发事件使危机完全明朗化,进入危机爆发阶段。这一阶段如有适当应急准备,及早对危机可能爆发的速度、强度、方向和时间进行控制,可以迅速地控制危机,尽量减少损失。

3)处理期

组织采取各种措施来解决危机的时期,这一阶段,公关部门既要在最短的时间内,在紧急状态下做出正确的决策,又要采取坚决果断的行动将决策付诸实施。处理危机必须全面考虑,要防止一波未平,一波又起。

小案例

2005 年 3 月,轰动世界的"苏丹红"事件终于波及国内整个食品行业,其中就有"肯德基"。

但肯德基早在 2 月份"苏丹红"事件尚未被波及之际就已启动危机预案,成立了由营运、质监、物流、公共事务部门等各专家组成的危机小组,开始出台危机处理措施。

3 月 16 日,肯德基的母公司中国百胜餐饮集团,在全国各地同一时间发表公开声明,称前一天晚上在新奥尔良烤翅和新奥尔良烤鸡腿堡的调料中发现含有"苏丹红一号",各门店从当天起停止销售相关食品。声明在向公众致歉的同时,还对供应商提供含违禁成分调料的行为"非常遗憾",并强调公司将追查此次供应商的违规责任,确保此类事件不再发生。

3 月 22 日,肯德基向全国发出通告,称对"苏丹红"的调查已全面完成,有问题的调料都已排除,并得到妥善处理,经检验不含"苏丹红"的替代调料也已准备就绪。新奥尔良烤翅将从3月23日起在各城市陆续恢复销售,短期促销产品新奥尔良烤鸡腿堡将停止售卖。同时,肯德基再次强调:"所有相关产品都已送交国家认可的专业机构进行全面检测,化验结果确认,所有产品都不含'苏丹红'成分。请广大消费者放心食用。"

4月20日,停卖一周的新奥尔良烤翅在152家上海肯德基餐厅重新恢复销售,至此,沸沸扬扬的肯德基"涉红"事件暂时画了一个句号,餐厅里依然"生意红火"。

案例评析:

肯德基在第一时间的诚恳道歉,符合及时性和真诚的原则;对产品的调查和处理,向消费者显示对自己产品所引起的问题的勇于承担和认真对待的负责任态度。这样的举动一般能够起到减弱危机的作用;强调:"所有相关产品都已送交国家认可的专业机构进行全面检测,化验结果确认,所有产品都不含'苏丹红'成分。请广大消费者放心食用。"符合权威性的原则。这些有效的处理措施,迅速地控制住危机,减少组织损失,维护了组织形象。

(资料来源:中国公关网 www.chinapr.com.cn)

4)恢复期

危机事件发生后,除了给组织造成人、财、物等方面的有形损失外,也会给组织带来诸如信誉、形象等方面的无形损失。这一阶段,组织除了按规定进行物质方面的赔偿、重建工作外,更重要的是在社会公众面前重塑形象。要通过协调社会组织外部的公共关系,通过自我分析、自我检讨,采取补救措施以恢复组织形象。恢复期的长短及恢复效果的好坏,要看组织采取补救措施果断、正确与否。

7.2.2　危机管理

小链接

危机公关——为什么受伤的总是我?

你遭遇下列问题了吗?

①自己的产品质量、服务出问题了,怎么办?

②企业一夜间被媒体曝光之后怎么办?

③对不期而至的危机,我总是手足无措?

④遭人暗算在所难免,问题是我该怎么办?

⑤危机发生时,如何面对蜂拥而至的媒介?

危机管理亦称"问题管理",是指通过科学预测与决策,修订合理的危机应急计划,并在危机发生过程中充分运用科学手段,减少危机给组织与公众带来的影响,进而寻求公众对组织的谅解,以重新树立和维持组织形象的一种管理职能。危机管理主要有以下3个阶段:

1)危机预防阶段

对每一个组织来说,虽然危机的出现一般是不规则的,但可以根据组织的性质进行分析审查,对可能发生危机的诱发因素进行事先的控制,用严格和科学的管理来消除危机隐患。同时加强组织内部员工的危机意识和危机应变心理准备,做好相应的应付措施。危机预防阶段的主要工作有:

(1)建立漏洞审查制度

主要是审查企业内部各个方面的危机隐患。通过对各个方面的分析研究,确定可能发生的危机问题或事件,分析可能引起危机的原因,做好相应的应对措施。

(2)建立公共关系危机管理小组

公共关系危机管理小组的建立,一是可以集合各方面的长处和技巧,恰当地处理问题,协调各方面的关系;二是可以使预防措施得到贯彻执行。

①规模和编制。公共关系危机管理小组的规模和编制取决于社会组织面临危机时的复杂环境以及必须参与的人员结构。

②成员结构。原则是领导主持,专家参与,优势互补。

小知识

永远记住法律是解决危机的最后手段,但其他方法首先一定是合法的。

危机管理小组不是一种暂时性或临时性的机构,而应是一种常设机构。

(3)制订针对不同情况的危机应变计划

应变计划要设想各种可能发生的危机和所采取的各种应急行动。它要回答:"如果发生某种情况,我们该怎么办?"公共关系危机管理小组应拟订危机应变计划手册,计划一定要细致、周密。

(4)危机模拟演练

进行假设最坏情况的危机管理彩排,考核危机管理小组对紧急事件的反应能力、危机处理的知识和决策能力。模拟演练还可以使危机管理小组的成员学习如何与新闻界打交道,掌握接受记者采访和对外发言等方面的技巧,在面对危机突发时,减少紧张心理。

小链接

美国波音公司在20世纪80年代曾摄制了一段模拟企业倒闭的电视新闻:一个天气阴沉的日子,员工们一个个低着头,脚步沉重地离开自己岗位,离开工厂,高高的厂房上悬挂着"厂房出售"牌。一个画外音在回荡:"今天是波音公司时代的终结,波音公司关闭了最后一个车间。"这使得员工危机感进一步增强,对工作更加珍惜,对产品质量也更加重视。

2)危机处理阶段

小链接

危机处理的要素:

第一句话:态度

我们对所发生的一切深表关注(遗憾)。

第二句话:行动

我们已经(将要)采取积极的行动。

第三句话:承诺

我们将如何……以防止这种事件的再度发生。

第一,成立危机事件处理组织。

第二,深入现场,了解事实,弄清危机发生的时间、地点、事故的原因。

第三,控制损失,尽量采取一切措施降低损失。

第四,迅速拿出计划付诸实施,并在具体操作中不断调整。估计危机可能产生的后果及影响,找到控制事态的最有效的方法。

第五,召开新闻发布会,发布正式信息。一方面,向新闻界介绍危机的有关情况,公布组织正在采取的措施;另一方面,恳请新闻媒介密切合作,防止不利的消息舆论。

第六,认真处理善后工作。包括对客户和消费者的赔偿、安慰、关怀;对危机事件的资料收集、整理、分析等。

第七,总结经验,吸取教训。通过总结检查,改进组织在危机管理方面存在的具体薄弱环节,并将一些经验教训写成书面教材,教育员工,修正危机管理计划,唤起全体员工的危机意识。

小链接

在危机处理中,从来不说"无可奉告"。如果你不知实情,就谈其他的,但千万不要杜撰。在危机来临时,没有什么比对相关公众的关心、同情和帮助更重要。

小知识

英国危机公关专家里杰斯特提出做到"3T":
①Tell your own tale(以我为主提供情况)。
②Tell it fast(尽快提供情况)。
③Tell it all(提供全部情况)。

3)总结和形象重塑阶段

出现危机或多或少使企业形象受到损害,应该针对形象受损的内容和制度,重点开展弥补形象缺陷的公益活动。
①内部总结,汲取经验。
②针对具体情况制订后续传播策略,同个别受众单独沟通,避免危机带来连带影响。
③抓住媒介关注机会,重申品牌承诺。

7.2.3　处理危机的基本原则

公共关系危机的处理没有固定的模式,但处理危机的原则可以指导我们更顺利地处理危机。这些原则主要有:

1)及时性原则

及时是处理危机的第一原则,是指危机事件一旦发生,能及时给予控制。所谓"及时"包括:迅速了解情况,迅速做出判断,迅速控制事态发展,及时向领导汇报,与新闻媒介沟通,向相应部门联系援助。及时处理可将危机的损害尽可能减少到最低程度。

小案例

雀巢食品:6个月与7年

雀巢跨国食品公司在世界上享有很高的声誉,但是在20世纪70年代中,在社会上出现了一种传言,说雀巢食品中含有有毒物质,食用它不但使发展中国家的母乳喂养率下降,而且使婴儿的死亡率上升。雀巢公司对这一传言作出了一些反应,他们检测了自己的产品,证明质量合格,便没有给予足够的重视,认为传言会不攻自破。结果谣言蔓延,导致了一场世界性的抵制雀巢食品的运动。在大约半年的时间内,公司全世界的销售点都出现了滞销积压现象,这时公司才看到了问题的严重性。

公司聘请了公关专家,开展公关活动,说明真相,并对事件进行调查。调查发现,谣言最初出现在非洲,是由一家报纸首先登出来的。调查证明,导致婴儿死亡的原因主要是不洁的饮用水引发的肠胃疾病。这样的结论攻破了谣言,但谣言已经给公司造成了严重的损失。就这样,由于他们迟行动了 6 个月,用了 7 年的时间才恢复了原有市场。

案例评析:

这个案例充分体现了处理危机要及时这一原则。雀巢公司如果当时能及时作出反应,7 年的时间,足够开拓很多新的市场了。

(资料来源:李兴国.公共关系实用教程[M].北京:高等教育出版社,2000.)

2)诚恳性原则

处理危机的基本态度是诚恳。对自身的责任绝不推诿。在情况尚不明朗时可明确表态:一旦查清责任在自己,一定负责赔偿和消除影响。要高姿态,有理智,不能感情用事、不尊重事实。

3)准确性原则

准确是处理危机、确定方案、正确判断的前提。除了弄清时间、地点、事件性质、发生原由外,公共关系危机管理小组的发言人在对外宣布时一定要使传递的信息十分准确,不能猜测,不能含糊其辞。

4)权威性原则

专门化是指借助掌握相关科学和恰当方法的专人或专门机构去处理危机,增强危机处理的权威性。权威人士、权威意见,对公共关系危机处理起着决定性作用。

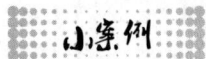

小案例

墨西哥大地震对旅游业影响的处理

前例中,墨西哥大地震对当地旅游业造成重大影响,当地人马上请美国著名公关公司为其策划。公关专家来此考察,在飞机上就发现旅游地与同名火山实际距离较远,旅游区并未受到影响。他们马上拍了一部电视片:一边是完好无损的旅游区,一边是正喷流熔岩的火山。他们还组织了探险旅游团专程来观看火山爆发,请地质专家讲述相关知识。电视片播出后,打消了游客的恐惧心理,不光保留了已有游客,而且吸引了更多前来观看火山喷发的游客。

案例评析:

这一案例中,可以看到及时请公关专家和地质专家帮助处理危机的必要性。因为对公众来说,权威机构或专家的意见更加可信。

(资料来源:李兴国.公共关系实用教程[M].北京:高等教育出版社,2000.)

5)积极性原则

积极的态度是要迅速设法控制事态,不要互相埋怨,坐待时机流失,而是抱着负责、乐观、向前看的态度去处理。

小案例

以信为宝,起死回生

"碧绿液"是法国最有名的矿泉水,不仅畅销法国,而且还远销美国和日本。1989年2月初,美国食品卫生部门突然宣布,在抽样检查中发现有几十瓶"碧绿液"矿泉水中含有超过规定2~3倍的苯,长期饮用有致癌危险!消息一经传出,无疑是对"碧绿液"声誉的当头一棒!

面对这种情况,该公司董事长立即举行记者招待会,宣布就地销毁已经销往世界各地的1.6亿瓶矿泉水,随后用新产品加以抵偿。如此一来,公司将直接损失2亿法郎以上!

"碧绿液"公司销毁全部产品的特大新闻在美国乃至全世界传播开来,"碧绿液"的牌子顷刻间家喻户晓。谁都期盼着新产品上世后去品尝一下,产生了比直接花2亿法郎做广告还要大得多的号召力。

"碧绿液"新产品上市的那一天,巴黎大小报纸都用了整整一个版面为之刊登了一幅广告。画面上只见一滴矿泉水从玻璃瓶口淌出,犹如一滴眼泪,话外音是一个委屈的小姑娘在呜咽,一个慈父般的声音在劝慰她:"不要哭,我们仍旧喜欢你。"小姑娘回答说:"我不是难过,而是高兴啊!"

这寓意深长,充满人情味的广告,使广大消费者为之动容,恢复了对"碧绿液"的信赖。

案例评析:

从公关角度看:产品的名声是产品的生命,对名牌产品来说,则更是如此。

纵观"碧绿液"公司的成功之道,在于他们以信为宝,巧妙利用媒体,抓住顾客心理,为弥补几十瓶矿泉水的过失,一下子扔掉2亿法郎。让顾客看到了公司对产品质量的重视;对消费者的真实、真诚、真心;独特的广告设计,又让消费者久久不能忘怀。于是,这一有损"碧绿液"矿泉水的事件,反倒成了打造"碧绿液"产品形象与企业形象的一个绝好机会。

(资料来源:李华伦.公共关系实务基础 [M].昆明:云南民族出版社,2007.)

小链接

加拿大 DOW 公司制定的危机公关原则要点:

①诚实第一,永远诚实;

②同情心,人道主义;

③公开化,坦率;

④日夜工作;

⑤有预见性,不被动应付。

【做一做】

一、经典案例阅读

空难引出的危机公关

中国国际航空公司是中国最大的航空公司,自成立以来在全球各地安全飞行了47年,直至2002年4月15日上午10时40分左右,国航 CA129 航班在韩国釜山机场附近坠毁,机上载有旅客160人。空难发生后,国航立即启动了紧急事件应急程序:召开各部门负责人会议,商定应对空难的紧急措施;国航善后事务工作组成立,并立即飞往韩国釜山;紧急向党中央、国务院汇报;迅速组成空难乘客和乘务员接待组,并包租了专供家属食宿的酒店,特意选择年纪在40岁左右的中年"爸爸"或"妈妈"负责接待工作,临时调配各种车辆40多辆,保证家属接送和交通;开通专门问讯电话,专门接受外地家属询问;全面了解国内乘客的具体资料,准确掌握家属情况,在宾馆开设了临时门诊部;根据家属愿望,对于社会各界的理解和支持及时在媒体上披露。

乘务员抢着上航班,正在休假的国航员工不约而同回到了单位。为了鼓舞士气、凝聚信心,从早上5时30分起,客舱乘务部的领导对所有起飞航班都在起飞准备区送员工上机,对飞回来的所有国际航班都前去迎接。在困难和挫折面前,从国航公司领导到每位员工,都喊出了"为了明天,我们更加坚强,更加团结"的口号。事后,国航负责人向新华社记者发表了谈话,表示国航正在进行的面向市场的改革将坚定不移地走下去。

经过以上一系列工作和得当措施,国航工作得到了广大家属的理解和赞赏。尽管人死不能复生,但国航的工作却给了生者许多安慰,从新闻媒介、社会舆论来看,没有反对国航的意见。随着理赔工作的开展,国航赢回了公众的信心。

（资料来源:中国公关网 www.chinapr.com.cn）

想一想:

1. 分析国航应对危机的表现有哪些出色之处?

2. 此次危机处理,体现了哪些危机处理的基本原则?

3. 结合本案例谈谈危机处理中特别要注意哪些方面?

二、实训活动

◎ 内容

针对下列主题进行模拟危机处理

1. 某公司是一家大型的连锁物流企业。一天,发生了数名顾客因喝了在该公司下属的一家超市购买的假酒而中毒的事件,公司当即陷入危机之中,请你帮该公司拟定一份危机处理方案并应对媒体提问。

2. 你认为饭店一类组织有可能遇到什么样的危机事件? 其危机处理计划应包括哪些内容?

◎ 目的

1. 激发学生学习兴趣、培养准确表述的能力、熟练运用危机处理原则的能力。

2. 培养学生处理复杂局面的应变能力和危机处理能力。

◎ 人员

1. 实训指导:任课老师。

2. 实训编组:全班学生分成4个小组,每个小组推选两名发言人和两名记者。

◎ 时间

2课时。

◎ 步骤

1. 4个小组各推举两个发言人,每个小组准备好危机处理方案。

2. 抽签决定先后顺序。分小组轮流进行发言。一个小组完成后,由其他三个小组的记者提问,限 2 个问题;记者提问采用举手方式,由主持人指定记者提问。参赛者不得拒绝回答。

3. 评委当场评分,满分为 10 分。

4. 评委评出优胜小组。

◎ 要求

1. 在危机处理中恰当运用所学的危机处理程序和原则;

2. 表述准确、处理得当;

3. 观点正确、话语严密;

4. 熟悉情况、随机应变;

5. 沉着冷静、注重分寸。

【任务回顾】

危机无处不在,无时不有,任何企业的发展都不可能是完全一帆风顺的。因此,组织要具有危机意识。公共关系危机具有突发性、难以预测性、危害性和舆论的关注性 4 个特征。从不同角度划分,公共关系危机可有不同类型。制订危机处理计划,是公关人员危机管理工作中的重点。一般来说,公共关系危机都要经历潜伏→爆发→处理→恢复 4 个不同阶段。公关人员在处理危机时要遵循及时性原则、诚恳的原则、准确性原则、专门化和权威性原则、积极的原则;合理运用危机管理中危机预防阶段、危机处理阶段、总结和形象重塑 3 个阶段的处理程序和技巧。

【名词速查】

1. 危机

危机指的是突然发生的,可能严重地影响或危及组织机构生存和发展的事件。

2. 公共关系危机

公共关系危机是指由于某些突发事件及重大问题的出现,导致组织与其公众关系发生变化,组织正常的业务活动受到影响,组织的生存与发展受到威胁,组织形象受到损害。

3. 公共关系危机

公共关系危机,亦称"问题管理",是指通过科学预测与决策,修订合理的危机应急计划,并在危机发生过程中充分运用科学手段,减少危机给组织与公众带来的影响,进而寻求公众对组织的谅解,以重新树立和维持组织形象的一种管理职能。

【任务检查】

一、单选题

1. "天有不测风云,人有旦夕祸福"说明危机具有( )的特点。
   A. 严重性　　　　B. 偶发性　　　　C. 未知性　　　　D. 关注性

2. ( )是指突然发生的、严重损害组织形象、给组织造成严重损失的事件。
   A. 公共关系危机　　B. 公关事故　　　C. 公关误解　　　D. 公关偏差

3. 危机对于社会组织而言( )。
   A. 是可以避免的　　　　　　　　B. 大部分组织是可以避免的
   C. 大部分组织是不可避免的　　　D. 是不可避免的

4. 危机对于企业而言,既是威胁又是( )。
   A. 劣势　　　　　　B. 机会　　　　　C. 优势　　　　　D. 坏事

二、多选题

1. 公共关系危机按具体成因划分,包括以下几种类型:( )。
   A. 组织自身原因引起的危机　　　　B. 意外事故引发的危机
   C. 法律纠纷引起的危机　　　　　　D. 自然灾害导致的危机
   E. 不利报道引起的危机

2. 公共关系危机的发展阶段主要有以下几种:( )。
   A. 潜伏期　　　　B. 爆炸期　　　　C. 处理期　　　　D. 恢复期

3. 从危机同组织的关系及归咎的对象看,公共关系危机可分为:( )。
   A. 组织内部危机　　　　　　　　B. 组织外部危机
   C. 一般性危机　　　　　　　　　D. 严重危机

4. 处理危机的原则主要有:( )。
   A. 诚恳的原则　　B. 及时性原则　　C. 准确原则　　　D. 专门化原则
   E. 积极的原则

三、判断题

1. 不是任何一个公司都会遇上公共关系危机,所以危机管理不是每个组织都需要。　　　　　　　　　　　　　　　　　　　　　　　　( )

2. 处理危机要注意时机,所以不要一出现危机就去处理。　　　( )

3. 危机发生概率一般不会很高,但企业或组织都不能掉以轻心。　( )

4. 外部公共关系危机一般波及范围相对较广,受害者大多数是具体的社会公众。　　　　　　　　　　　　　　　　　　　　　　　　　　( )

5.处理公共关系危机的目的在于让尽量少的公众知道危机真相。　　（　　　）

四、简答题

1.公共关系危机的特点有哪些？

2.危机主要有哪些不同类型？

3.公共关系危机处理的基本原则主要有哪些？

4.公共关系危机发展的不同阶段是什么？各个阶段的工作重点是什么？

任务 8
公共关系礼仪

任务目标

通过课堂教学、案例分析和实践训练等多种形式,使学生掌握常规的公共关系礼仪知识与技巧,培养他们的礼仪意识和熟练运用礼仪处理社交中各种问题的能力,能从容应对公关交际和商务交往的各类活动,全面提高礼仪修养,塑造良好的个人与组织形象。

学时建议

知识性学习 6 课时。

案例学习讨论 1 课时。

实践训练 5 课时。

【导学语】

公关礼仪是组织维护自身形象的重要活动。

同学们要认真学习努力实践！

案例导入

李小姐平时向来处事稳重、举止大方。李小姐所在的公司派她和几名同事一道，前往东南亚某国洽谈业务。李小姐和她的同事一抵达目的地，就受到了东道主的热烈欢迎，在随之为他们特意举行的欢迎宴会上，主人亲自为每一位来自中国的嘉宾递上一杯当地特产的饮料，以示敬意。轮到主人向李小姐递送饮料之时，一直是"左撇子"的李小姐自然而然地抬起自己的左手去接饮料，见此情景，主人却神色骤变，重重地将饮料放回桌上，扬长而去。

案例评析：

在那个国家里，人们的左右手有着明显的分工。正规情况下，右手被视为"尊贵之手"，而左手则被视为"不洁之手"，用左手递接物品，或是与人接触、施礼，在该国被人们公认为是一种蓄意侮辱。李小姐在这次交往中违规犯忌，说到底是由于她不了解交往国的习俗。

（资料来源：http://wenku.baidu.com）

【学一学】

公共关系礼仪是社会组织的有关人员为了树立和维护组织的良好形象，建构组织与内外公众的和谐关系而要求遵循的礼仪规范。适度、恰当的礼仪不仅有利于协调组织与公众之间的关系，而且有利于树立良好的组织形象，和谐各种内外关系，促进组织健康发展。

8.1 见面的礼节

8.1.1 称呼与问候

1）称呼

称呼，一般是指人们在交往应酬中彼此之间所采用的称谓语。选择正确的、适当的称呼，既反映着自身的教养，又体现着对他人的重视程度，有时甚至还体现着双方关系所发展到的具体程度。

（1）正规称呼

称呼应注意：一是要合乎常规，二是要入乡随俗。如表8.1所示。

表8.1　各种环境中的称呼

生活称呼	工作称呼	社交称呼
要求：亲切、自然 ①亲戚称。例：舅舅、姨妈 ②亲近称。例：大爷、大妈	要求：庄重、正式、规范 ①职务称。例：张经理、李局长 ②职业称。例：林老师、吴大夫	要求：准确、合理 ①一般称。例：王先生 ②姓名称。例：林宇 ③特殊称。例：阁下

小链接

国际交往中，因为国情、民族、宗教、文化背景的不同，称呼就显得千差万别。一是要掌握一般性规律，二是要注意国别差异。

（2）称呼的5个禁忌

我们在使用称呼时，一定要避免下面几种失敬的做法。

①错误的称呼。常见的错误称呼无非就是误读或是误会。误读也就是念错姓名。误会，主要是对被称呼者的年纪、辈分、婚否以及与其他人的关系作出了错误判断。比如，将未婚妇女称为"夫人"，就属于误会。

②使用不通行的称呼。有些称呼，具有一定的地域性，比如山东人喜欢称呼"伙计"，但南方人听来"伙计"肯定是"打工仔"。

③使用不当的称呼。工人可以称呼为"师傅"，道士、和尚、尼姑可以称为"出家人"。但如果用这些来称呼其他人，没准会让对方产生自己被贬低的感觉。

④使用庸俗的称呼。有些称呼在正式场合不适合使用。例如，"兄弟""哥们儿"等一类的称呼。

⑤称呼绰号。对于关系一般的,不要自作主张给对方起外号,更不能用道听途说来的外号去称呼对方,也不能随便拿别人的姓名乱开玩笑。

2)问候

问候,亦称问好、打招呼。一般而言,它是人们与他人相见时以语言向对方进行致意的一种方式。当问候他人时,在具体态度上需要注意主动、热情、自然、专注。在正式会面时,宾主之间的问候,在具体的次序上有一定的讲究。

①一个人问候另一个人时,通常应为"位低者先行"。

②一个人问候多人时,既可以笼统地加以问候,也可以由"尊"而"卑"、由长而幼,或由近而远地逐个加以问候。

8.1.2 介绍

现代人要生存、发展,就需要与他人进行必要的沟通,以寻求理解、帮助和支持。介绍是人际交往中与他人进行沟通、增进了解、建立联系的一种最基本、最常规的方式。

1)自我介绍

在社交活动中,如欲结识某些人或某个人,而又无人引见,可以自我介绍。如果有介绍人在场,自我介绍则被视为不礼貌的。

(1)自我介绍的具体形式

自我介绍的具体形式如表8.2所示。

(2)自我介绍的注意事项

①注意时间,抓住时机。选择适当的场合,语言简洁,时间以半分钟左右为佳。

②态度应落落大方,彬彬有礼。既不能唯唯诺诺,又不能虚张声势。

③实事求是,不可自吹自擂。

2)为他人介绍

为他人介绍是经第三者为彼此不相识的双方引见、介绍的一种介绍方式。

(1)为他人介绍的顺序

为他人作介绍时必须遵守"后来居上"的规则。

即把年轻者介绍给年长者;把职务低者介绍给职务高者;如果双方年龄、职务相当,则把男士介绍给女士;把家人介绍给同事、朋友;把未婚者介绍给已婚者;把后来者介绍给先到者。

表8.2　自我介绍的形式

类　型	适用场合	内　容	举　例
应酬式	公共场合和一般性的社交场合	姓名	"你好,我叫林宇。"
工作式	工作场合	姓名、单位、部门、职务、具体工作	"你好,我叫林宇,我在浙江大学工商管理系教市场营销。"
交流式	社交活动	姓名、工作、籍贯、学历、兴趣、与交往对象的某些熟人的关系	"你好,我叫张明,我在精艺广告公司上班。我是林宇的老乡,都是南京人。"
礼仪式	讲座、报告、演出、庆典、仪式等一些正规而隆重的场合	姓名、单位、职务、敬语谦辞	"各位来宾,大家好！我叫张明,我是精艺广告公司的销售经理。我代表本公司热烈欢迎大家光临我们的展览会,希望大家……"
问答式	应试、应聘和公务交往	就提问内容回答	"先生,你好！请问您怎么称呼?" "先生,您好！我叫林宇。"

（2）介绍时应注意事项

①为他人介绍之前,一定要征求一下介绍双方的意见。

②被介绍者在介绍者询问自己是否有意认识某人时,一般不应拒绝。实在不愿意时,则应说明理由。

③介绍完毕后,被介绍者双方应彼此问候对方,必要时还可以进一步做自我介绍。

8.1.3　握手

握手是在相见、离别、恭贺、或致谢时相互表示自己对于对方的尊重、友好、关心与敬意的一种礼节。

1）握手的顺序

有"尊者决定"原则,主人、长辈、上司、女士主动伸出手,客人、晚辈、下属、男士再相迎握手。在公务场合,握手时伸手的先后次序主要取决于职位、身份,而在社交、休闲场合,主要取决于年龄、性别、婚否。

2）握手的方法

握手时,一定要用右手,用力适度,过紧地握手或是只用手指部分漫不经心地接触对方的手都是不礼貌的。多人同时握手时应顺序进行,切忌交叉握手。切忌戴手套或戴着墨镜握手,也不要在握手时将另外一只手插在衣袋里。更不能在与人握手后,立即揩拭自己的手掌。

8.1.4　名片

名片是一个人身份的象征,它直接承载着个人信息,当前已成为人们社交活动的重要工具。

1）名片的递送

①交换名片的顺序一般是:"先客后主,先低后高"。当与多人交换名片时,应依照职位高低的顺序,或是由近及远依次进行。

②递名片应起身站立,使用双手或者右手将名片正面对着对方,递给对方。

③将名片递给他人时,眼睛应注视对方,面带微笑,并大方地说"这是我的名片,请多多关照""常联系"等话语,或是先作一下自我介绍。

2）名片的接受

①他人递名片给自己时,应起身站立,面含微笑,目视对方。

②双手捧接,或以右手接过,并应说"谢谢"。

③接过名片后,要从头至尾把名片认真默读一遍,意在表示重视对方。另可使用谦辞敬语,如:"请多关照"。在对方离去之前,或话题尚未结束,不必急于将对方的名片收藏起来,但也不可随意摆弄或扔在桌子上。

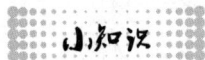

小知识

如何索要名片

建议:

①向对方提议交换名片。

②主动递上本人名片。

③委婉地索要名片。向尊长索取名片,可以这样说:"今后如何向您老请教?",向平辈或晚辈索要名片,可以这样说:"以后怎样与您联系?"

8.1.5 拜访与接待

拜访和接待是公关人员的一项经常性工作。公关人员在拜访和接待中的礼仪表现,不仅关系到他本人的形象,而且还涉及他所代表的组织形象。

1)拜访礼仪

①拜访应选择适当的时间,事先和被访对象约定,并准时赴约。万一因故不得不迟到或取消访问,应立即通知对方。

②到达拜访地点后,一定要用手轻轻敲门,即使房门开着,也应在门口招呼,不要贸然闯入。

③拜访时应彬彬有礼,注意一般交往细节。注意观察接待者的举止表情,适可而止,当接待者有不耐烦或有为难的表现时,应转换话题或口气,当接待者有结束会见的表示时,应立即起身告辞。

2)接待礼仪

①接待人员要品貌端正,举止大方,服饰要整洁、端庄、得体。

②如果来访者是预先约定好的重要客人,则应根据来访者的地位、身份等确定相应的接待规格和程序。

③迎客时应提前到达约定地点,待客人一到,主动上前打招呼、问候。向客人介绍此次活动的安排情况,了解客人的活动意向,以便做好后面的接待工作。

④事先应安排好客人的食宿,接站后,一般先将客人送往住宿处,安排休息。这时不宜在客人房间滞留过久,分手时勿忘告诉客人与自己的联系方式,约定好下次见面的时间和地点。

在办公室接待一般的来访者,谈话时应注意少说多听。对来访者的意见和观点不要轻率表态,应思考后再作答复。对一时不能作答的,要约定一个时间再联系。对来访者反映的问题,应作简短的记录。

送客要热情。客人起身想走时,应立即站起应答,但不能先于客人起身。送客时,应请客人先出门,然后再小送一程。对远道而来的客人,应安排交通工具,并随同客人一起前往车站或机场。

小链接

陪同客人乘车时,公关人员要帮助客人打开车门,然后站在客人身后请客人上车。车内的座位,如是小型卧车,以后排右边为尊,左边次之。晚辈或地位较低者,坐在司机边上的座位。如果是主人亲自开车,则应把司机边上的位置让给尊长,其他人坐在后排。下车时,公关人员先下,然后帮助客人打开车门,等候客人或长者下车。

8.1.6 电话礼仪

1)拨打电话

打电话时,选择恰当的拨打时间,以不影响对方工作和休息为宜。开始通话,先说"您好",然后主动自我介绍。通话之前,应作好充分准备。讲话内容简明扼要,提高通话效率,注意姿态。结束通话时,以主叫方或尊者先挂断为宜。

2)接听电话

来电应在第二声铃响之后,立即接听,铃响不过三声。如果接听较迟,先表示歉意。拿起话筒,先问好,主动报出公司或部门名称以及自己的姓名。接电话时,应当认真听对方说话,而且不时有所表示,如"是""对"等。在电话中传达有关事宜,应重复要点,对于数字、日期、时间等,应再次确认,以免出错。替他人接电话时,要询问清楚对方姓名、电话、单位名称,以便在接转电话时为受话人提供便利。

小链接

公共场所使用手机应注意:

①不宜旁若无人地大声通话。

②在会场、影院、剧场、音乐厅、图书馆、展览馆等需要保持安静的场所,主动关机或置于振动、静音状态;如接到来电,应到不妨碍他人的地方接听。

③不在驾驶汽车时或飞行过程中使用手机。不在加油站、医院使用手机。

8.2 服饰礼仪

着装体现着一种社会文化,体现着一个人的文化修养和审美情趣,是一个人的身份、气质、内在素质的无言的介绍信。

8.2.1 着装原则——TPO原则

着装的TPO原则是世界通行的着装打扮的最基本的原则。TPO是英文time place object 3个词首字母的缩写。T代表时间、季节;P代表地点、场合、职位;O代表目的、对象。着装要与时间、场合、交往目的相适应,力求和谐,应注意以下几个问题。

1)着装应与自身条件相适应

选择服装首先应该与自己的年龄、身份、体形、肤色、性格和谐统一。如年长者,身份地位高者,选择服装款式宜简单不可太新潮。青少年着装则着重体现青春气息,注意整洁、清新,"青春自有三分俏"。如身材矮胖、颈粗圆脸形者,宜穿深色低"V"字型领,大"U"型领套装,浅色高领服装则不适合。

2)着装应与职业、场合、交往目的和对象相协调

小链接

曾经有一位女推销员,习惯于穿着深色套装,手提一个男性公文包去推销产品,结果业绩不够理想。后来她改变了装扮,穿戴色彩淡雅的套装,换了一个女性化的皮包,使她看起来更有亲和力,着装的改变使她的业绩提高了很多。

(资料来源:http://www.wenku.baidu.com)

工作时间着装应遵循端庄、整洁、美观、和谐的原则,能给人以愉悦感和庄重感。正式社交场合,着装宜庄重大方。参加晚会或喜庆场合,服饰应明亮、艳丽些。节假日休闲时间着装则可随意、轻便些。与外宾、少数民族相处,更要特别尊重他们的习俗禁忌。

8.2.2 服装的色彩搭配

服装的色彩是着装成功的重要因素。服装配色以"整体协调"为基本准则。全身着装颜色搭配最好不超过三种颜色,而且以一种颜色为主色调,颜色太多则显得乱而无序,不协调。

着装可以根据个人的肤色、年龄、体形选择颜色。如肤色黑,不宜着颜色过深或过浅的服装,而应选用与肤色对比不明显的粉红色、蓝绿色,最忌用色泽明亮的黄橙色或色调极暗的褐色、黑紫等。

8.2.3　西装的穿着方法

西装七分在做,三分在穿,选择和搭配是很有讲究的。穿着西装应遵循以下礼仪原则:

①西服套装上下装颜色应一致。在搭配上,西装、衬衣、领带其中应有两样为素色。

②西服袖口的商标牌应摘掉。

③穿西服套装必须穿皮鞋,便鞋、布鞋和旅游鞋都不合适。

④配西装的衬衣颜色应与西服颜色协调,不能是同一色。衬衣袖口应长出西服袖口 1~2 厘米。穿西服在正式庄重场合必须打领带,领带的长度以触及皮带扣为宜。打领带时衬衣领口扣子必须系好,不打领带时衬衣领口扣子应解开。

⑤西装纽扣有单排、双排之分。双排扣西装应把扣子都扣好。单排扣西装:一粒扣的,系上端庄,敞开潇洒;两粒扣的,只系上面一粒扣是洋气、正统,全扣和只扣第二粒不合规范;三粒扣的,系上面两粒或只系中间一粒都合规范要求。

⑥西装的上衣口袋和裤子口袋里不宜放太多的东西。

8.2.4　着装的注意事项

①任何服装均应注意清洁、整齐、挺直。

②正式场合不要穿短裤、背心等,在家里或宾馆内接待来宾和客人时,不得光脚,也不能只穿内衣、睡衣、短裤。内衣千万不能露在外衣外面。

③参加社交活动,进入室内场所,均应摘帽,要脱掉大衣、风雨衣等。男子任何时候在室内都不得戴帽子和手套。妇女的纱手套、纱面罩、帽子、披肩、短外套等,作为服装的一部分则允许在室内穿戴。

8.2.5　饰物礼仪

饰物在着装中起着画龙点睛、协调整体的作用,主要有领带、围巾、首饰、提包、手套、鞋袜等。佩戴首饰应与脸型、服装协调。首饰不宜同时戴多件,比如戒指,一只手最好只佩戴一枚,手镯、手链一只手也不能戴两个以上。多戴则不雅而显得庸俗,特别是工作和重要社交场合穿金戴银太过分总不适宜。男士饰物一定不宜太多,太多则会少了些阳刚之气和潇洒之美。

总之,饰物的选用也应遵循 TPO 原则,重要的是以"和谐"为美。

8.3 仪态习练

8.3.1 站姿

站立是人们生活交往中的一种最基本的举止。男士要求"站如松",刚毅洒脱;女士则应秀雅优美,亭亭玉立。训练符合礼仪规范的站姿,是培养仪态美的起点,其动作要领也是培养其他优美仪态的基础。

1)正确的站姿要求

①头正,双目平视,嘴角微闭,下颌微收,面容平和自然。
②双肩放松,稍向下沉,人有向上的感觉。
③躯干挺直,挺胸,收腹,立腰。
④双腿立直、并拢,脚跟相靠,身体重心落于两脚正中。

2)注意不良站姿

①两脚分得太开,交叉两腿而站。
②肩膀高低不平。
③不停地摇摆身子,扭捏作态。
④松腹含胸,膝盖伸不直。

8.3.2 走姿

走姿又称步态。无论是在日常生活中还是在社交场合,走姿往往是最引人注目的身体语言,也最能表现一个人的风度和活力。走姿要求"行如风",是指人行走时,如风行水上,有一种轻快自然的美。图8.1即展示了走姿的训练过程。

1)走姿礼仪的基本要领

①行走时,头正,目光平视前方,上身保持挺拔的身姿,双肩保持平稳,腰部放松,手掌心向内,双臂以身体为中心前后自然摆动,幅度手臂距离身体30~40厘米为宜。
②步位直,大腿带动小腿,膝盖伸直,脚尖向正前方伸出,脚跟先着地,保持步态平稳、步伐均匀,步幅的大小应根据身高、着装与场合的不同而有所调整。走路时要摆动大腿关节部位,而不是膝关节。

2）不雅的走姿

①方向不定,忽左忽右。

②拖步、体位失当,低头、摇头、晃肩、扭臀。扭来扭去的"外八字"和"内八字"步。左顾右盼,重心后坐或前移。

③与多人走路时,或勾肩搭背,或奔跑蹦跳,或大声喊叫等。

④行走时速度过快或过慢,双手反背于背后或插入裤袋。

3）不同走姿的要求

（1）陪同引导

在陪同引导对方时,应注意方位、速度、关照及体位等方面,如:双方并排行走时,陪同引导人员应居于左侧。如果双方单行行走时,要居于左前方约一米左右的位置。每当经过拐角、楼梯或道路坎坷、照明欠佳的地方,都要提醒对方留意。

图8.1　走姿的训练

（2）上下楼梯

坚持"右上右下"原则。上下楼梯、自动扶梯的时候,都不应该并排行走,而要从右侧上。当自己陪同引导客人时,上下楼梯时就要走在前面。如果是陪客人上楼,陪同人员应该走在客人的后面;如果是下楼,陪同人员应该走在客人的前面。

（3）进出电梯

如果是无人驾驶电梯,工作人员必须自己先进后出,以方便控制电梯。乘的如果是有人驾驶的电梯,应当"后进后出"。进入电梯后,要尽量站在里面。下电梯前,应该提前换到电梯门口。

（4）出入房门

出入房门,务必要用手来开门或关门。和别人一起先后出入房门时,为了表示自己的礼貌,应当自己后进门、后出门,而请对方先进门、先出门。

8.3.3　坐姿

1）正确的坐姿要求

①入座时要轻稳,应坐满椅子的2/3。女士着裙装要先轻拢裙摆,而后入座。

②入座后,头正,下颌微收,双目平视。上体自然挺直,双膝自然并拢,双手自然放在双腿上或椅子、沙发扶手上,双腿正放或侧放。

③离座时,右脚向后收半步,然后起立,起身要轻缓。

2)注意不良坐姿

不良坐姿会给人一种粗俗、没教养的印象,引起别人的不快。应注意:

①坐时不可前倾后仰或歪歪扭扭。不可将大腿并拢,小腿分开或双手放于臀部下。高架"二郎腿"或"4"字形腿。

②腿、脚不要不停抖动,也不要脚跟落地,脚尖离地。脚尖不能指向他人。

③与人谈话时不要用手支着下巴,双手不要放在两腿中间。

8.4　商业礼仪

8.4.1　签字仪式

做好准备工作。在举行签字仪式前,签字各方应做好文本的准备工作,对文本进行定稿、校对、印刷和装订等工作。签字各方共同商定签字人。同时,主方还要准备好签字的场地、桌椅、文具及饮料等。其中,尤其注意签字场所的桌台摆置和人员位次应符合礼宾礼仪要求。安排签字人员的座位应主左客右。如遇涉外,还应在桌中央摆一旗架,主左客右悬挂签字两方的小国旗。按照惯例,双方参加签字仪式的人员数目和身份应大体相当。签字人签字时,先在己方保存的文本上签字,再由助签人员交换文本,请签字人在对方保存的文本上签字,然后双方签字人员交换文本,握手致意。

8.4.2　会见与会谈

会见从内容来看,有礼节性和事务性之分,或者两者兼而有之。礼节性的会见时间相对较短,话题亦广泛;而事务性的会见则时间较长,谈话的内容也较专门化。

会谈,多指双方或多方就某些重大的政治、经济、军事问题或其他共同关心的问题交换意见、交流看法、展露观点的一种会晤。一般来说,会谈的形式较为正式,政治性或专业性较强,其内容大都经过事先商定,并有相应的安排。在具体的礼仪要求上,与会见相类似,只是在座位的安排和交谈的方式上有一些不同。

1)会见中的礼仪规范

①会见之前,会见双方都应做好准备工作。首先是提出方提出会见要求,将要求会见的人的姓名、职务、会见的目的等告知对方。接着是接见方应尽快给予答

复,如遇到特殊情况不能接见,应婉言向对方做好解释工作。如同意会见,则要约好合适的时间,主动将会见地点、主方出席人及具体安排等通知对方。

②会见时的礼仪。会见双方都应遵时守约,尤其作为主方人员应提前到达会见的大楼或会客厅门口迎候客人。当客人到达时,应主动上前行礼表示欢迎,并引导客人入座。

③组织领导人之间的会见,除陪见人员、译员、记录员外,其他工作人员安排就绪之后应退出会场。会见期间,根据不同的季节以及来访客人的习惯,备有不同的饮品以招待客人。

④为表示友好,会见应准备合影项目。合影可安排在会见之前或是会见结束之后,摄影时的位置按礼宾顺序排列,一般主人居中,以主人的右手为上,主客双方间隔排列。人数较多时,可分两排,第一排为主要的主宾人员,两边应由主方人站立。会见结束时,主人应将客人送到车前或门口握别,然后目送客人离去。

2)会谈中的礼仪规范

在会谈中,双方一般围桌而坐,通常使用长廊形、椭圆形或圆形桌子,宾主相对而坐。若是多边会谈,座位可摆成圆桌,按礼宾次序依次就座。

在与客人会谈中,仪表、语气、话题都十分重要。首先,出席会谈的人,衣着要整洁大方,谈话的表情应自然,面带笑容。其次,谈话的态度要诚恳,谈自己的观点时要谦和;他人发言时要认真聆听,不要随意插话;对原则性问题要坚持和拒绝时,注意态度上不要激烈,可做耐心的解释和婉拒。

8.5 涉外公关礼仪

8.5.1 馈赠的方法与技巧

随着交际活动的日益频繁,馈赠礼品因为能起到联络感情、加深友谊、促进交往的作用,越来越受到人们的重视。所以,馈赠活动对礼节的要求,也就一再得到强调。

小案例

江泽民主席出访俄罗斯时,曾向叶利钦总统赠送了一盘由中国制作的名为《神圣的战争——苏联卫国战争歌曲回顾》的录像带。它选用了《神圣的战争》《夜莺》等13首前苏联歌曲,均由前苏联功勋艺术团演唱。画面全都是苏德双方军事记者拍摄的极其珍贵的电影资料,讲述了前苏联人民奋起抗击德国入侵的辉煌业绩。

据悉,当片子在俄罗斯驻华使馆放映时,引起强烈的反映,许多人热泪盈眶。

一些官员说:"尽管片子中反映的是我们苏联人民在卫国战争中的事情,但许多画面是第一次看到。从片子中可以感到最了解苏联的是中国人民,你们能够想到制作这样的片子说明了你们对我们的深厚情谊。"

（资料来源:http://www.doc88.com）

1)确定馈赠目的,选择礼品

根据馈赠目的,通过仔细观察或打听了解受礼者的兴趣爱好,注意投其所好,避开对方禁忌,有针对性地精心挑选合适的礼品。

2)掌握馈赠礼节

要使对方愉快接受馈赠并不是件容易的事情。即便是精心挑选的礼品,如果不讲究赠礼的艺术和礼仪,也很难达到馈赠的预期效果。

①注意包装。精美的包装可以使礼品的外观更具艺术性和高雅的情调,显示出赠礼人的文化艺术品位。

②注意场合。给人送礼应该公私分明。只有象征着精神方面的礼品,如锦旗、牌匾、花篮等才可在众人面前赠送。

③注意态度和动作。只有态度平和友善、动作落落大方并伴有礼节性的语言,才容易让受礼者接收礼品。

④注意时机。一般赠礼应选择在相见、道别或相应的仪式上。

3)受礼礼仪

①一般情况下,不应当拒绝受礼。如果觉得不适合接受的礼品要婉拒,应向对方明示自己拒收的理由。

②接受礼物时,不管礼品是否符合自己的心意,应表示对礼物的重视。

③接受了他人的馈赠,如有可能应予以回礼。有礼有节的馈赠活动,有利于拉近双方的距离,增加合作的机会。

小知识

鲜花美丽而又有魅力,它使人感受到蓬勃的生机和向上的朝气,但在不同的国度里对某些花的含义在理解上也有所区别。白百合花对罗马人来说,是美与希望的象征,而在波斯人们认为它是纯真和贞洁的表示。菊花是日本王室的专用花卉,人们对它极为尊重,可是菊花在西班牙、意大利和拉美各国却被认为是"妖花",只能用于墓地和灵前。在国际交际场合忌用菊花、杜鹃花、石竹花、黄色的花献给客人,已成为惯例。

8.5.2　国际赠礼习俗

在涉外活动中赠送礼品时,应了解各国的政治信仰、宗教特点、风俗习惯,注意了解受礼人的性格、爱好、修养,因人而异,"投其所好",会有助于工作的开展。相反,如果因为不了解而犯忌,则会给工作带来不必要的损失。

1)美国赠礼习俗

与美国人交往,如是工作关系可送些办公用品,也可选一些具有民族特色的精美工艺品。在美国,请客人吃顿饭、喝杯酒,或到别墅去共度周末,被视为较普遍的"赠礼"形式,你只要对此表示感谢即可,不必再作其他报答。去美国人家中做客一般不必备厚礼,带些小礼品如鲜花、美酒和工艺品即可,如果空手赴宴,则表示你将回请。

2)日本赠礼习俗

日本人将送礼看作是向对方表示心意的物质体现。送日本人礼品要选择适当,中国的文房四宝、名人字画、工艺品等最受欢迎,但字画的尺寸不宜过大。所送礼品的包装不能草率,哪怕是一盒茶叶也应精心打理。中国人送礼成双,日本人则避偶就奇,通常用1,3,5,7等奇数,但又忌讳其中的"9",因为在日语中"9"的读音与"苦"相同。

3)欧洲国家赠礼习俗

送礼在欧洲不大盛行,即使是重大节日和喜庆场合,这种馈赠也仅限于家人或亲密朋友之间。德国人不注重礼品价格,只要送其喜欢的礼品就行,包装则要尽善尽美;法国人将香槟酒、白兰地、糖果、香水等视为好礼品,体现文化修养的书籍、画册等也深受欢迎;英国人喜欢鲜花、名酒、小工艺品和巧克力。

4)阿拉伯国家赠礼习俗

中国的工艺品在这一地区很受欢迎,造型生动的木雕或石雕动物,古香古色的瓷瓶、织锦或香木扇,绘有山水花鸟的中国画和唐三彩,都是馈赠的佳品。向阿拉伯人送礼要尊重其民族和宗教习俗,不要送古代仕女图,因为阿拉伯人不愿让女子的形象在厅堂高悬;不要送酒,因为多数阿拉伯国家明令禁酒;向女士赠礼,一定要通过她们的丈夫或父亲,赠饰品给女士更是大忌。

8.5.3 各主要国家商务礼仪

1）美国

（1）社交礼仪

美国人在与互不相识的人交际时，惯于实事求是、坦率直言。他们以好客著称，为了表示友好，使客人感到随便，他们一般乐于在自己家里宴请客人，而不习惯在餐馆请客。请美国人用餐，他们一般是不提前到达的，而是准时或迟到5至15分钟。

（2）习俗禁忌

美国人忌讳"13""星期五""3"。认为这些数字和日期，都是厄运和灾难的象征。美国人还有三大忌：一是忌有人问他的年龄；二是忌问他买东西的价钱；三是忌在见面时说："你长胖了！"。因为在美国有"瘦富胖穷"的概念。他们忌讳黑色，认为黑色是丧葬用的色彩。美国人特别忌讳赠礼带有你公司标志的便宜礼物。忌向妇女赠送香水、衣物和化妆用品。

2）英国

（1）社交礼仪

英国人在任何时候都是彬彬有礼、举止得当的绅士或淑女。双方初次见面行握手礼，但下次见面时不必握手。商务活动中，自我介绍只需说出自己姓和名即可。一般礼节性的拜访以20分钟为宜。与英国商人打交道，要养成以书面形式确认所有约会、会谈或其他业务情况的习惯。

在人际关系方面，英国人感情不外露，刚开始接触时，总要保持一定的距离，而后才慢慢地接近。如果是第一次与某公司的会谈，又期望与他们开展业务，那么你必须显示出对他们公司及产品或服务已经有所了解，以引起他们的重视并留下良好的第一印象。

（2）习俗禁忌

英国人的生活戒条是"不管闲事"，因而忌讳询问对方个人情况，甚至连见面时说"你上哪去""吃过没有"等中国人习惯的问候语也是很不礼貌的。与英国商人打交道有三忌；一忌佩带条纹领带；二忌以王室的家事作为消遣题材；三忌称对方为"英国人"，正确的叫法是"大不列颠人"。此外，忌说英国人无幽默感，否则他们绝对不能容忍；忌用人像作服饰图案或商业包装，忌大象、孔雀、猫头鹰等图案商标；英国人非常忌讳"13"，如果是13日又恰逢星期五，就更忌讳了。

3）日本

（1）社交礼仪

日本人在交际应酬中对穿着打扮十分精心。在商务政务以及对外的场合，通常要穿西式服装。到日本人家里做客时，进门前要脱下大衣、风衣和鞋子。切勿未经主人许可，而自行脱去外衣。参加庆典或仪式时，日本人都要穿套装或套裙。

日本人通常以鞠躬作为见面礼节。在鞠躬的度数、时间的长短、次数等方面还有其特别的讲究。行鞠躬礼时手中不得拿东西，头上不得戴帽子。

（2）习俗禁忌

樱花是日本的国花，荷花则仅用于丧葬活动，菊花在日本是皇室的标志，一般而论，日本人大都喜爱白色与黄色，厌恶绿色和紫色，认为不祥。日本人敬重"7"这一数字，可是对于"4"与"9"却视为不吉。日本人觉得注视对方双眼是失礼的。因此，他们绝不会直勾勾地盯视对方。

4）泰国

（1）社交礼仪

泰国是笃信佛教的国家，在泰国进行商务活动，必须尊重当地的教规。进入寺庙必须赤脚而行。到当地人家做客，如果发现室内设有佛坛，要马上脱掉鞋袜和帽子。泰国人在与客人见面时，通常施合十礼，如图8.2所示。泰国人不用姓氏而用名字称呼，视白象为吉祥的象征，喜爱蓝色，认为蓝色象征着"安定"和"永恒"。"荷花"备受泰国人的喜爱。他们常借荷花来赞美人的气节。

图8.2　泰国的合十礼

（2）习俗禁忌

泰国人认为头是神圣不可侵犯的，因此，千万不要轻易抚摸任何人的头部。泰国人忌讳有人盘足或把两腿叉开而坐，忌讳他人拿着东西从头上面经过。无论站着或坐着，应注意不要让人看到你的脚底。他们忌讳左手服务，认为左手不洁净。交谈应回避有关政治、王族和宗教方面的话题。

【做一做】

一、经典案例阅读

签字仪式

7月15日是国能电力公司与美国PALID公司在多次谈判后达成协议,准备正式签字的日期。国能电力公司负责签字仪式的现场准备工作,在公司总部十楼的大会议室摆放了鲜花,长方形签字桌上摆放了中美两国的国旗,美国国旗放在签字桌左侧,中国国旗放在右侧,签字文本一式两份放在黑色塑料的文件夹内,签字笔、吸墨器文具分别置放在两边。办公室陈主任检查了签字现场,觉得一切安排妥当,他让办公室张小姐通知国能电力公司董事长、总经理等我方签字人员在会议室等待,自己到楼下准备迎接客商。

上午9:00,美方总经理一行乘坐一辆高级轿车,准时驶入国能电力公司总部办公楼,陈主任在门口迎候,他见副驾驶坐上是一位女宾,陈主任先为前排女宾打开车门,并做好护顶姿势,同时礼貌地问候对方。紧接着,陈主任迅速走到右后门,准备以同样动作迎接后排客人,不料,前排女宾已经先于他打开了后门,迎候后排男宾,陈主任急忙上前问候,但明显感觉女宾和后排男宾有不悦之色。陈主任一边引导客人进入大厅,来到电梯口,一边告知客人,董事长在会议室等待,电梯到达十楼后,陈主任按住电梯控制开关,请客商先出,自己后出,然后引导客人到会议室,在会议室等待的国能电力公司的签字人员在客人进入会议室时,马上起立鼓掌欢迎,刘董事长急忙从座位上站起,主动向对方客人握手,不料,美方客人在扫视了会议室后,似乎非常不满,不肯就座,好像是临时改变了主意,不想签字了。

（资料来源:http://www.doc88.com）

想一想:

(1)国能电力公司安排的这次签字活动有什么不当之处吗?

(2)陈主任在迎接礼仪的安排和自己的迎送过程中是否有不到之处?

二、实训活动

训练项目一 服装搭配

(一)播放相关图像资料让学生整体感知穿着技巧,并形成印象。

(二)让学生分组,假设作为一名公关人员,根据自身特点如肤色、高矮、胖瘦、个人气质等,设计搭配合适的日常着装、职业装、宴会装,并开展服饰表演活动,培养学生的审美情趣。

训练项目二　站、坐、行姿

（一）训练时播放轻缓明快的音乐，让学生轻松地进入训练，便于学生更好地表现仪态美。

（二）训练站姿

1. 背靠墙。将后脑、双肩、臀部、小腿肚及脚跟与墙壁靠紧，每次持续十分钟。这样可以使训练者有一个完美的后背。

2. 靠墙顶书训练，让学生背靠墙在头顶上平放一本书，保持书的平衡，以检测上体是否保持正直。

（三）采用示范讲解练习，并分解动作，如分解坐姿入座的几个步骤。

（四）变换不同的站姿、坐姿。

（五）同学之间可互评或进行分组竞赛。

训练项目三　日常交往礼仪

（一）两人一组，扮演不同角色，进行握手礼的练习，注意时间和仪态及语言。

（二）每个学生组织一段自我介绍，以克服紧张情绪，锻炼他们的胆量。

（三）设计多个情景、角色，请学生分角色扮演人物，完成介绍、握手、递接名片等训练。

（四）学生分组，自己编排小品，将几种日常交往礼节综合起来运用表演。

训练项目四　办公礼仪

（一）在引路训练中，模拟训练在走廊、上楼梯、拐弯和遇特殊情况时学生的反应。根据不同场所的变化，练习引导客人入座。

（二）在开门训练中，要让每个学生熟悉体验，以养成良好的习惯。

（三）在接打电话训练中，除了练习接打电话的基本要求，学生可以设计几种角色，进行模拟表演，体验语言、表情、姿态在接打电话中的重要性。

（四）模拟乘汽车的场景，请学生来安排座次。

能力拓展训练

日本著名的企业家吉田忠雄在他创业的初期，曾经做过一家小电器商行的推销员。开始的时候，他做得并不顺利，很长时间业务并没有什么起色，但他并没有灰心，而是坚持做下去。并且每次出去推销时，吉田忠雄都要对发型、面容、指甲、服装进行一翻修饰，然后对着镜子给自己加油鼓劲。有一次，他推销出去了一种剃须刀,半个月内同二十几位顾客做成了生意,但是后来突然发现,他所推销的剃须刀比别家店里的同类型产品价格高,这使他深感不安。经过深思熟虑,他决定向这二十家客户说明情况,并主动要求向各家客户退还价款上的差额。他的这种做法深深感动了客户,他们不但没收价款差额,反而主动要求向吉田忠雄订货,并在原有的基础上增添了许多新品种。这使吉田忠雄的业务数额急剧上升,很快得到了公司的奖励,这给他以后自己创办公司打下了良好的基础。

请从礼仪的角度分析吉田忠雄的成功之道。

【任务回顾】

通过对本章的学习,使学生初步掌握公共关系礼仪的知识与技巧,培养他们的礼仪意识和熟练运用礼仪技巧处理社交中各种问题的能力,能从容应对公关交际和商务交往中的各类活动,全面提高他们的礼仪修养。

【名词速查】

1. 公共关系礼仪

公共关系礼仪是社会组织的有关人员为了树立和维护组织的良好形象,建构组织与内外公众的和谐关系而要求遵循的礼仪规范。

2. TPO

TPO 是英文 time place object 3 个词首字母的缩写。T 代表时间、季节、时令、时代;P 代表地点、场合、职位;O 代表目的、对象。

3. 会谈

会谈多指双方或多方就某些重大的政治、经济、军事问题或其他共同关心的问题交换意见、交流看法、展露观点的一种会晤。

【任务检查】

一、单选题

1. 向对方递名片时,名片正面的姓名应该( )。

    A. 朝向自己   B. 面向下方   C. 朝向对方   D. 面向一侧

2. 单排扣的男士西装,如果是两粒扣子,在正式场合应( )。

    A. 系一粒上扣   B. 全部系上   C. 系一粒下扣   D. 不清楚

3. 当陪同客人参观时,你应该行走在客人的( )。

A. 左前   B. 左侧   C. 右侧   D. 右前

二、多选题

1. 在公务场合，握手时伸手的先后次序主要取决于(　　　)。

A. 年龄   B. 职位   C. 性别   D. 身份

2. 在"TPO"审美原则中，TPO 是指(　　　)。

A. 地点   B. 时间   C. 场合   D. 目的

3. 关于拜访与接待的礼节，恰当的做法是(　　　)。

A. 小杨陪同几位客人乘坐旅行车，为了照顾客人，他最后一个上车

B. 一位客户来访，老李同对方谈话时，不时拿出手机来看看时间

C. 小张到了客户韩经理的办公室，往沙发上一靠，跷起二郎腿，一边吸烟一边悠闲地环视着韩经理的办公室

D. 老林要帮远道而来的客人提包，对方不同意，老林就没有坚持

三、判断题

1. 一个人与另外一个人之间的问候，通常应为"位高者先行"。 (　　　)

2. 如果有介绍人在场，自我介绍则被视为不礼貌的。 (　　　)

3. 电话铃响后，最好在三声之内接听，不要故意拖延。 (　　　)

4. 接受名片时一般用双手或左手接。 (　　　)

5. 事务性会见的时间相对较短，话题亦广泛，而礼节性会见则时间较长，谈话的内容也较专门化。 (　　　)

四、简答题

1. 在介绍他人时，主要的介绍顺序是什么？

2. 远在异地旅游的父母要你代他们去看望正在本地出差的一位长辈，你该做哪些准备(假设这位长辈是你从未见过的)？

五、案例分析题

有一批应届毕业生 22 个人，实习时被导师带到北京的国家某部委实验室里参观。全体学生坐在会议室里等待部长的到来，这时秘书给大家倒水，同学们表情木然地看着她忙活，其中一个还问了句："有绿茶吗？"轮到林晖时，他轻声说："谢谢，辛苦了。"秘书抬头看了他一眼，满含着惊奇。

门开了，部长走进来和大家打招呼，不知怎么回事，没有一个人回应。林晖左右看了看，犹犹豫豫地鼓了几下掌，同学们这才稀稀落落地跟着拍手。部长挥了挥手说："欢迎同学们到这里来参观。请王秘书去拿一些我们部里印的纪念手册，送给同学们作纪念。"接下来，更尴尬的事情发生了，大家都坐在那里，很随意地用一

只手接过部长双手递过来的手册。部长脸色越来越难看,来到林晖面前时,已经快要没有耐心了。就在这时,林晖礼貌地站起来,双手握住手册,恭敬地说了一声:"谢谢您!"部长闻听此言,不觉眼前一亮:"你叫什么名字?"林晖照实作答,部长微笑点头。两个月后,毕业分配表上,林晖的去向栏里赫然写着国家某部委实验室。

请分析:林晖的同学们有哪些不合乎礼仪的行为?

参考文献

[1] 诺斯克特·帕金森,等.帕金森通俗管理丛书[M].北京:国际文化出版公司,2008.

[2] 杨岳全.市场营销策划[M].北京:中国人民大学出版社,2006.

[3] 杨勇.市场营销理论、案例与实训[M].北京:中国人民大学出版社,2006.

[4] 周安华,等.公共关系理论、实务与技巧[M].北京:中国人民大学出版社,2007.

[5] 周安华,等.公共关系理论实务与技巧[M].3版.北京:中国人民大学出版社,2010.

[6] 林汉川,等.公共关系案例教程[M].上海:复旦大学出版社,1997.

[7] 朱传贤,等.中国优秀公关案例选评[M].上海:复旦大学出版社,1996.

[8] 姜晓敏.人际沟通与礼仪[M].上海:华东师范大学出版社,2007.

[9] 赵景卓.公关礼仪[M].北京:中国财政经济出版社,1995.

[10] 徐飙.现代公关实务技巧[M].北京:高等教育出版社,1995.

[11] 李兴国.公共关系实用教程[M].北京:高等教育出版社,2000.

[12] 孙宝水.公共关系基础[M].北京:高等教育出版社,2008.

[13] 黄荣生.公共关系学[M].大连:东北财经大学出版社,2000.

[14] 叶万春,等.企业形象策划—CIS导入[M].大连:东北财经大学出版社,2005.

[15] 谢红霞.公关实训[M].大连:东北财经大学出版社,2008.

[16] 邱大燮.公共关系概论[M].北京:中国商业出版社,1999.

[17] 杨明刚.营销策划创意与案例解读[M].上海:上海人民出版社,2008.

［18］王玫,等.公共关系理论与实务［M］.北京:北京大学出版社,2007.

［19］胡锐.现代公共关系案例评析［M］.杭州:浙江大学出版社,1994.

［20］张美清.现代公共关系原理与实务［M］.北京:中国林业出版社,2007.

［21］陆季春.公共关系实务教程［M］.北京:经济科学出版社,2008.

［22］朱权.公共关系基础与实务［M］.北京:机械工业出版社,2007.

［23］李红梅.现代推销实务［M］.北京:电子出版社,2006.

［24］韦明.品牌营销［M］.北京:中国致公出版社,2007.

［25］缪启军,等.公共关系实务［M］.上海:立信会计出版社,2008.

［26］寇玉琴.现代公共关系学［M］.上海:立信会计出版社,2008.